Notre-Dame de la Salette

LES GRANDS PÈLERINAGES

LETOUZEY ET ANÉ — PARIS

1re Édition

EN PRÉPARATION :

La Compagnie de Jésus.
Les Frères Prêcheurs.
La Congrégation de la Mission.
Les Franciscains.
Les Capucins.
Les Pères du Saint-Esprit.
Les Clercs du Saint-Viateur.
Les Frères des Écoles Chrétiennes.
Les Oratoriens.
Les Oblats de Marie-Immaculée.
La Société des Missions Africaine.
Les Oblats de Saint-François-de-Sales.
Les Pères Blancs.
Les Eudistes.
Les Barnabites.
La Société de Marie (Maristes).
Les Pères des Sacrés-Cœurs (Picpus).
Les Salésiens.
Les Frères de Saint-Vincent-de-Paul.
Les Cisterciens-Trappistes,
Etc., etc.

Les Sœurs de Saint-Vincent-de-Paul.
Les Religieuses de N.-D. de Sion.
Les Sœurs de Marie-Joseph.
Les Religieuses de Notre-Dame du Calvaire.
Les Clarisses.
Les Petites Sœurs des Pauvres.
Les Visitandines.
Les Annonciades.
Les Sœursde la Charité de Nevers.
Les Sœurs de Marie-Auxiliatrice.
Les Trinitaires.
Les Sœurs de la Sagesse.
Les Carmélites.
Les Dominicaines du Grand-Ordre.
Les Dominicaines du Tiers-Ordre.
Les Franciscaines.
Les Auxiliatrices de l'Immaculée-Conception.
Les Augustines de Meaux.
Les Sœurs de Saint-Joseph de l'Apparition.
L'Adoration Réparatrice,
Etc., etc.

EN PRÉPARATION :

GUIDE DE VOCATION RELIGIEUSE

" OU DIEU M'APPELLE-T-IL ? "

par M. l'Abbé Raimbert.

3 forts volumes in-8o raisin, ornés de nombreuses gravures
Congrégations d'Hommes, 1 vol.
Congrégations de Femmes, 2 vol.

NOTRE-DAME

DE LA SALETTE

Les Grands Pèlerinages de France

NOTRE-DAME DE LA SALETTE

Par **Louis BOREL**

PARIS
LIBRAIRIE LETOUZEY & ANÉ
87, Boulevard Raspail, 87

1923

Nihil obstat

Meylan, le 10 octobre 1922.

D. Brunet.

IMPRIMATUR

Gratianopoli, die 24 octobris 1922.

J. Vittoz.

v. g.

A MARIE IMMACULÉE

MÈRE DE DIEU

ET

MÈRE DES HOMMES

DESCENDUE SUR LES SOMMETS DE LA SALETTE

LE 19 SEPTEMBRE 1846

POUR RAPPELER A SES ENFANTS DE LA TERRE

LA LOI DE DIEU OUBLIÉE ET MÉCONNUE

TRÈS HUMBLE ET TRÈS FILIAL HOMMAGE

INTRODUCTION

Il y a peu de questions sur lesquelles on ait porté des appréciations plus inexactes et même plus injustes que celle de l'apparition de la Salette; l'une des causes de ces erreurs dans les jugements est la profonde ignorance où bon nombre de catholiques se trouvent à l'égard de ce fait si important de l'histoire religieuse du XIXe *siècle.*

Les ouvrages ne manquent cependant pas sur ce sujet, et, à qui a voulu s'instruire, les moyens n'ont pas fait défaut jusqu'à ce jour, car la bibliographie de la Salette est extrêmement abondante. Il y a même eu, déjà, un certain nombre de publications vraiment populaires, récits succincts de l'apparition, ou même ouvrages un peu plus considérables, et accessibles cependant à toutes les catégories de lecteurs.

Ce n'est pas, toutefois, inutilement que le présent essai prendra place dans la collection des « Grands Pèlerinages ». Bien loin de contester le mérite de ses devanciers, il profite de leur expérience et de leur documentation, car, s'il n'a aucune prétention à paraître un ouvrage de critique historique, il ne présente rien qui ne soit rigoureusement exact et vérifié d'après les sources les plus authentiques et les plus sûres. C'est un simple exposé, court et aussi clair que pos-

sible, de l'apparition de la sainte Vierge à la Salette et de la dévotion qui en a été le résultat.

Et si ce petit livre peut contribuer à faire mieux connaître et à faire mieux aimer la vierge Marie, il aura obtenu le plus beau succès qu'il puisse ambitionner.

24 septembre 1922.
en la fête de N.-D. de la Merci.

Louis BOREL,
Vice-recteur de N.-D. de la Salette.

LES TROIS PHASES DE L'APPARITION.

L'ENSEMBLE DES BATIMENTS DU PÈLERINAGE.

PREMIÈRE PARTIE

L'APPARITION

CHAPITRE PREMIER

La Salette et le Mont-sous-les-Baisses.

La Salette est une humble commune située sur les confins du département de l'Isère et limitrophe du département des Hautes-Alpes. Elle compte actuellement environ 350 habitants, mais vers le milieu du XIXe siècle elle en comptait près de 800.

Cette commune forme une paroisse, qui appartenait avant le Concordat de 1801 au diocèse de Gap, et, depuis cette époque, a été réunie, avec la région de Beaumont et de Corps, au diocèse de Grenoble. Elle se compose de quatorze hameaux dont quelques-uns sont à une assez grande distance de l'église paroissiale. La paroisse est sous le patronage de saint Michel archange.

Le site de la Salette est des plus curieux. C'est comme une immense cuvette limitée de tous côtés par des montagnes assez élevées. Une vallée profonde se creuse à l'est et remonte vers la montagne du Grand Chapelet. Au nord, trois combes amènent les eaux qui descendent des sommets, tandis qu'au sud-ouest une sorte de brèche étroite et ravinée sert d'écoulement au torrent formé par tous les ruisseaux issus de ce cirque grandiose.

La montagne du *Gargas* qui forme la muraille septentrionale du cirque, présente cette particularité d'être appuyée, pour ainsi dire, par deux contreforts. A gauche, c'est le rocher de l'*Homme*, dont la croupe est légèrement allongée et les pentes assez abruptes. A droite, c'est le *Mont-sous-les-Baisses*, ou *Planeau*, qui est plus arrondi, tout en étant aussi escarpé.

Entre le rocher de l'Homme et le Gargas, se trouve un col assez étroit. Entre le Planeau et le Gargas, s'étend une surface sensiblement plane et d'une certaine dimension qui, déjà avant 1846, portait le nom de *Collet.*

A droite de cette surface, pour l'observateur qui regarde le Gargas, se creuse un ravin fort profond. Un autre ravin se trouve à gauche, mais il est d'une profondeur bien moindre. Au fond coule un ruisseau, la *Sézia*, dont les sources se trouvent un peu plus haut sur le flanc de la montagne, et sur les bords duquel on rencontre encore trois sources qu'il est bon de connaître.

A une trentaine de mètres au-dessous du niveau du Collet, c'est la *Fontaine des Bêtes.* Les bergers de la montagne y mènent boire leurs troupeaux.

En remontant le lit du torrent, on passe devant la *Petite Fontaine*, dont le bassin est protégé par deux murs de pierres sèches, mais où l'on ne trouve qu'un peu de mousse humide, sauf à la fonte des neiges et après les fortes pluies, circonstances dans lesquelles cette fontaine devient fluente. A quelques pas au-dessus de la Petite Fontaine, on trouve la *Fontaine des Hommes*, que les bergers ont réservée pour leur usage, s'abstenant d'y amener leurs bêtes.

Cet endroit est un des plus solitaires qu'il soit possible d'imaginer. Avant 1846, il était d'un accès fort difficile, et n'était guère fréquenté que par des habitants de la Salette ou des environs : bergers qui y amenaient leurs troupeaux, faucheurs qui passaient pour aller récolter du foin sur les pentes supérieures, chasseurs qui le traversaient pour se rendre sur les sommets ou sur l'autre versant de la montagne, où ils pouvaient espérer la rencontre de quelques coqs de bruyère, de quelques perdrix ou même de quelques chamois. Pour arriver jusqu'au Collet on montait alors par le ravin oriental où, déjà, un sentier assez raide avait été tracé par les bergers et les troupeaux.

L'aspect général de cette partie de la montagne est celui d'un tertre gazonné. Pas un arbre, ni sur le Collet, ni sur les pentes environnantes. Pas davantage de blocs de rochers ou isolés ou amoncelés, et, par conséquent, rien qui puisse empêcher de voir clairement jusqu'à une distance assez grande si quelqu'un se trouve dans le voisinage. Il n'y avait, d'ailleurs, à cet endroit, avant 1846, aucune de ces constructions rustiques que les bergers édifient parfois pour s'y abriter la nuit, dès lors, rien qui permît à qui s'aventurait dans ces parages, de se soustraire aux regards. Il était, d'autre part, impossible de s'y rendre, soit d'un côté, soit de l'autre de la montagne, sans traverser quelque hameau, et sans avoir à cheminer sur des prairies où l'on était à découvert.

C'est cette solitude sauvage que la très sainte Vierge avait choisie pour y apparaître un jour.

CHAPITRE II

Les deux enfants.

C'est d'après des documents contemporains que nous allons essayer de décrire le caractère des deux enfants prédestinés à être les heureux témoins de l'apparition de Notre-Dame, sur la montagne de la Salette.

Françoise-Mélanie Calvat, dite Mathieu, était née à Corps le 7 novembre 1831. Ses parents étaient très pauvres et furent obligés de la mettre en service toute jeune. Elle fut, avant 1846, placée deux ans à Quet-en-Beaumont, et deux ans à Sainte-Luce, dans les environs de Corps.

Au mois de mars 1846, elle devenait bergère chez Baptiste Pra, propriétaire aux Ablandins, hameau de la paroisse de la Salette.

C'était une enfant fort ignorante. Elle n'était jamais allée à l'école, très rarement aux offices, et ne savait à peu près rien de la religion, n'ayant jamais pu apprendre son catéchisme.

Elle était d'une timidité extrême, et d'une insouciance inimaginable, et ces travers de caractère en avaient fait une enfant maussade, boudeuse, désobéissante, en un mot, fort peu sociable.

Elle ne parlait que le patois, et ne comprenait guère le français, dont elle aurait été absolument incapable de se servir pour s'exprimer. Elle avait, en outre, une mémoire fort ingrate et nullement exercée.

Pierre-Maximin Giraud — que l'on appelait familièrement *Mémin* ce qui a fait croire à certains qu'il s'appelait Germain — né, lui aussi, à Corps, le 27 août 1835, appartenait également à une famille pauvre. Son père exerçait le métier de charron.

Il était d'une ignorance à peu près aussi complète que celle de Mélanie, n'allant point à l'école, et s'échappant pour aller jouer, quand on l'envoyait au catéchisme. Son père avait essayé, sans grand succès, de lui apprendre ses prières. Il parlait habituellement patois, mais comprenait cependant un peu le français.

C'était un enfant extrêmement étourdi, très remuant, incapable de rester en place, au reste, innocent et sans vices.

Il n'avait pas été mis en service au cours de son enfance, mais était devenu berger par occasion en septembre 1846.

Un propriétaire des Ablandins, voisin de Baptiste Pra, Pierre Selme, avait un berger qui était tombé malade; il s'était rendu à Corps le dimanche 13 septembre, pour lui chercher un remplaçant. N'ayant pu en trouver, il se rendit chez le charron Giraud qui était de ses amis, et lui demanda de lui confier son petit garçon pendant quelques jours.

Redoutant que, dans son étourderie, Maximin ne devînt la cause ou la victime de quelque accident, son père commença par refuser. Il céda cependant, sur la promesse que lui fit Pierre Selme de surveiller l'enfant de très près. Mais Maximin était absent. Son père l'avait envoyé faire une commission à Saint-Julien, hameau de la paroisse de la Salette. C'est là que Pierre Selme vint chercher l'enfant; le 14 septembre, de grand matin, il l'emmena aux Ablandins et lui confia un troupeau de quatre vaches auxquelles s'adjoignit la chèvre que Maximin avait conduite avec lui.

Tels étaient les deux témoins à qui la très sainte Vierge devait se manifester.

CHAPITRE III

L'Apparition.

Avant le 17 septembre 1846, les deux petits bergers, Maximin et Mélanie, ne se connaissaient pas. C'est en gardant leurs troupeaux dans le voisinage l'un de l'autre, qu'ils eurent l'occasion de se parler. Ils s'apprirent réciproquement quels étaient leurs noms, quel âge ils avaient, d'où ils étaient originaires, et constatèrent qu'ils étaient compatriotes. Mélanie avait quitté Corps très jeune; il n'était pas étonnant que Maximin ne l'y eût jamais vue.

Le vendredi 18 septembre, Pierre Selme constata

que les deux enfants s'amusaient ensemble. Leurs divertissements étaient bien innocents : ils consistaient à faire des « paradis », c'est-à-dire à orner de fleurs des tas de pierres, et, en particulier, ceux que les bergers avaient édifiés près de la Petite Fontaine; et le soir de ce jour, ils se donnèrent rendez-vous pour le lendemain. « Ce serait, se dirent-ils, à qui arriverait le premier sur la montagne. »

Le 19 septembre était donc un samedi. C'était, de plus, la veille de la fête de Notre-Dame des Sept-Douleurs, que l'Église romaine célébrait alors le troisième dimanche de septembre [1]; c'était le troisième jour des Quatre-Temps.

Le soleil se leva dans un ciel sans nuages et l'incomparable éclat de ce jour merveilleux devait se continuer jusqu'au soir.

Les enfants conduisirent leurs troupeaux sur la montagne. Ils n'étaient pas seuls. Pierre Selme accompagnait son berger, car, possédant un pré sur le versant sud du mont Planeau, il voulait, ce jour-là, en faucher le foin, tout en surveillant le petit garçon. Celui-ci resta toute la matinée dans le voisinage de son maître.

A quelque distance de là, sur le même versant, c'est-à-dire en vue du village de la Salette, Mélanie faisait paître ses vaches dans un champ appartenant à Baptiste Pra.

Vers le milieu du jour, entendant l'*Angelus* sonner

1 L'Église de Grenoble qui avait adopté le calendrier viennois en 1789, ne célébrait pas alors cette fête au mois de septembre.

au clocher du village, Pierre Selme dit à Maximin de mener boire ses vaches. « Je vais, répondit l'enfant, appeler Mélanie, et nous irons ensemble. » Les deux bergers réunirent leurs troupeaux et les emmenèrent sur l'autre versant du Planeau. Là, ils dirigèrent leurs bêtes vers la plus basse des trois fontaines, et les laissèrent errer ensuite en liberté. Pour eux qui étaient restés à l'altitude du Collet, ils longèrent le ravin occidental jusque dans le voisinage de la Petite Fontaine. Ils y descendirent, et, n'y trouvant pas d'eau, remontèrent par le fond du ravin jusqu'à la Fontaine des Hommes. Là, ils trouvèrent de l'eau pour étancher leur soif, et, après avoir bu, ils s'assirent sur l'herbe et prirent leur modeste repas tiré des besaces qu'ils portaient chaque jour avec eux à la montagne.

Après ce repas, ils revinrent vers la Petite Fontaine, s'étendirent sur l'herbe, un peu en dessous, et, chose qui ne leur était pas arrivée les jours précédents, ils s'endormirent.

Leur sommeil dut se prolonger environ deux heures, et Mélanie s'éveilla la première. Sa pensée se porta alors vers ses vaches qu'elle n'apercevait plus au fond du ravin. Elle éveilla son compagnon : « Mémin, lui dit-elle, viens vite voir où sont nos vaches. » L'enfant fut bientôt debout près de sa compagne. Ensemble ils remontèrent vers le Collet, et un coup d'œil circulaire sur les alentours leur permit de se rassurer bien vite. Leurs vaches étaient tranquillement couchées sur le flanc du Gargas.

Mais, dans sa précipitation à monter, Mélanie avait oublié sa besace contre l'un des murs de la

Petite Fontaine. Elle y pense, et se met à descendre rapidement pour aller la chercher.

A mi-chemin, elle s'arrête brusquement, toute saisie. Elle a aperçu au fond du ravin, à l'endroit même de la Petite Fontaine, un globe de feu d'un éclat extraordinaire, tellement brillant que la clarté du soleil n'est rien en comparaison, et qu'elle se demandera, dans son ignorance, si ce n'est pas le soleil lui-même qui est tombé au fond du ravin.

En proie à une émotion faite de stupeur et de crainte elle pousse un cri d'appel : « Mémin, viens vite voir cette grande clarté là-bas ! » Maximin qui n'avait encore rien vu, accourt en disant : « Où est-elle ? » Il la voit, et, au moment où il rejoint sa compagne, la clarté s'entr'ouvre, comme si un rideau se tirait devant les yeux des enfants, et ceux-ci aperçoivent dans le globe de feu une personne assise sur le mur septentrional de la Petite Fontaine, les pieds dans le lit desséché de la source, la tête entre les mains, les coudes appuyés sur les genoux. C'est une femme, une femme qui pleure et, si les enfants supposent un moment, comme ils le diront plus tard que « c'était une pauvre mère que ses enfants avaient battue et qui s'était *ensauvée* dans la montagne », ils restent frappés d'une terreur qui les glace et les tient immobiles l'un près de l'autre. A la vue de l'apparition, Mélanie est même tellement effrayée que son bâton s'échappe de sa main. « Garde ton bâton, lui dit alors Maximin, moi j'ai le mien, s'*il* veut nous faire du mal, je lui *jetterai* un bon coup ! »

Mais, à ce moment l'apparition, la *Belle Dame*,

comme l'appelleront les enfants, se lève. Elle laisse les larges manches de sa robe recouvrir ses mains, visibles jusque-là, et, s'adressant aux deux enfants toujours immobiles, d'une voix « douce comme une musique » elle leur fait entendre cette invitation : « Avancez, mes enfants, n'ayez pas peur, je suis ici pour vous conter une grande nouvelle. » Ces paroles maternelles arrivent aux oreilles des enfants comme si la Belle Dame était tout près; elles arrivent surtout à leur cœur qu'elles transforment en le délivrant de toute crainte. La terreur y a fait place à la confiance et les petits bergers sont irrésistiblement attirés vers l'apparition. Ils se mettent en devoir de répondre à son appel, et, pendant qu'ils descendent, la Belle Dame s'avance, elle aussi, en contournant le petit mur qu'elle avait devant elle.

Elle s'arrête, et les enfants s'approchent et se mettent sous son regard. « Nous étions si près d'elle ont-ils dit, qu'on n'aurait pas pu passer entre elle et nous. »

Demeurant ainsi en la présence de la Belle Dame, les enfants la contempleront de tous leurs yeux, et ils pourront répondre par la description la plus minutieuse aux interrogations qui leur seront adressées, tout en protestant de l'impossibilité de rendre, en des paroles humaines, les réalités merveilleuses qu'ils auront été admis à voir de leurs yeux mortels.

La Belle Dame était grande, d'une stature dépassant celle des personnes les plus grandes que connaissaient les enfants. Elle avait pour vêtement une robe très longue et très ample, d'une blancheur éclatante : des paillettes lumineuses en étaient le seul ornement. Sur ses épaules était jeté un fichu, modestement croisé sur la poitrine et noué par derrière. Devant elle, elle avait un tablier d'une couleur jaune et brillante. Elle portait des bas jaunes, des chaussures blanches ornées d'une boucle jaune et brillante. Une coiffe assez élevée couvrait la tête et environnait le cou.

Autour de la coiffe brillait un diadème formé de branches lumineuses. Une couronne de roses formait la base de ce diadème. Une autre guirlande de roses ornait les épaules et la ceinture, et une troisième faisait le tour des chaussures. Ces roses étaient de toutes les couleurs et projetaient un vif éclat. Elles semblaient, d'ailleurs, se fondre continuellement et renaître sans cesse.

Sur les épaules était un ornement que les enfants ont comparé à une chaîne à gros anneaux ou à un large galon d'or. Une petite chaîne suspendue au cou soutenait un crucifix jaune et brillant. Le Christ était plus brillant que le reste, et aux extrémités des bras de la croix figuraient, ne tenant à rien, deux instruments de la Passion : à droite, les tenailles légèrement entr'ouvertes, à gauche le marteau.

Ce qui dominait dans l'aspect de l'apparition, c'était la blancheur, blancheur d'une lumière toute céleste, éblouissante et translucide, à travers laquelle les enfants ont pu voir les brins d'herbe et les fleurs de la montagne, et Mélanie, en particulier, remarqua le nœud du fichu. De cette lumière qui constituait le corps de la Belle Dame, émanait comme une auréole, lumineuse aussi, laquelle environnait ce corps glorieux et le suivait dans tous ses mouvements. Une autre lumière, plus diffuse, — le globe lumineux aperçu en premier lieu par les enfants—, s'était étendue au ravin qu'elle remplissait tout entier, et enveloppait les enfants eux-mêmes, dont les corps ne projetaient point d'ombre.

Mais ce qu'il y avait de plus merveilleux, c'était le visage de la Belle Dame. Il était d'un éclat incomparable, et, du reste, des deux enfants, Mélanie fut seule à pouvoir en contempler les admirables traits tandis que Maximin ne voyait qu'une lumière dont ses yeux ne pouvaient soutenir le rayonnement. Aussi, est-ce Mélanie qui nous a donné ce renseignement précieux : « Elle a pleuré tout le temps qu'elle a parlé, j'ai bien vu couler ses larmes. »

C'est donc au milieu de ses larmes que la Belle Dame va donner aux enfants ses maternels enseignements :

« Si mon peuple ne veut pas se soumettre, je suis forcée de laisser aller le bras de mon Fils. Il est si lourd et si pesant que je ne puis plus le retenir. Depuis le temps que je souffre pour vous! Si je veux que mon Fils ne vous abandonne pas, je suis chargée de le prier sans cesse pour vous; et vous autres, vous n'en faites pas cas! Vous aurez beau prier, beau faire, jamais vous ne pourrez récompenser la peine que j'ai prise pour vous!

« Je vous ai donné (*dit-il*) six jours pour travailler, je me suis réservé le septième et on ne veut pas me l'accorder. C'est ça qui appesantit tant le bras de mon Fils. Ceux qui conduisent des charettes, ne savent pas jurer sans mettre le nom de mon Fils au milieu : ce sont les deux choses qui appesantissent tant le bras de mon Fils. Si la récolte se gâte, ce n'est rien qu'à cause de vous autres : je vous l'ai fait voir l'année dernière par les pommes de terre, vous n'en avez pas fait cas; c'est, au contraire, quand vous en trouviez de gâtées, vous juriez, vous mettiez le nom de mon Fils. Elles vont continuer à pourrir, et à Noël il n'y en aura plus. »

A cet endroit du discours, Mélanie regarde Maximin comme pour lui demander ce que signifiaient les paroles de la Belle Dame, et, en particulier, l'expression « pommes de terre » qu'elle ne connaissait pas, ce tubercule étant, dans le patois du pays, appelé « truffe ».

Alors, la sainte Vierge leur dit : « Ah! vous ne comprenez pas le français, mes enfants; je vais vous le dire autrement ». Elle reprend donc en patois de Corps ces dernières paroles [2] : « Si la récolte se gâte,

2. Voici le texte de cette partie du discours, en patois de Corps, d'après Maximin. Le récit de Mélanie est sensiblement le même.

Si la recolta se gasta, eï ré quë per vous aoutrës. Vous l'aïou fa veirë l'an passa, per las truffas, n'aya pas fas cas. Era oou countrérë; quand n'ën troubava de gastas, jurava, l'y bitava lou noum dë moun fils. Van continua que pèr Chalëndas n'y oueré plus. Aquëou qu'a dë bla dë pas lou sëmëna, quë las bestias lou mëngearéin: si n'en vèn quaouquas plantas ën l'ëicouean toumbaré tout ën poussièra.

Vaï vêni una granda famina. D'avan quë la famina vènë, lous marinous maris oou dëssou de sept ans prëndren un tremblë, murirein entrë lous bras dë las personnas quë lous tëindréin, et lous grands faren lour pënitença de fan. Lous rasins puriréin; las nouzës vendren boffas.

ce n'est rien qu'à cause de vous autres, etc... ». Puis elle poursuit son discours en patois : « Si vous avez du blé, il ne faut pas le semer. Tout ce que vous sèmerez, les bêtes le mangeront, et ce qui viendra tombera en poussière quand vous le battrez. Il viendra une grande famine; avant que la famine vienne, les enfants au-dessous de sept ans prendront un tremblement et mourront entre les bras des personnes qui les tiendront; les autres feront pénitence par la famine. Les noix deviendront mauvaises et les raisins pourriront. »

Après ces mots, la sainte Vierge continue de parler; mais, tout en voyant le mouvement de ses lèvres, Mélanie ne l'entend plus : Maximin reçoit un secret. Bientôt après, la Belle Dame confie aussi à Mélanie un secret, et Maximin cesse de l'entendre parler.

Puis, la sainte Vierge, poursuivant son discours de manière à être entendue des deux bergers, leur dit [3] : « S'ils se convertissent, les pierres et les rochers se changeront en monceaux de blé, et les pommes de terre seront ensemencées par les terres. »

3. *Si së counvertissoun, las pëiras, lou routchas vëndren ën dë bla, la truffa së troubaré ënsëmença per la terra.*

Fasa bién vouatra prièra, mous maris?

Oh ! nou madama, pas gaïrë.

Ah ! mous maris, la chou bien fa vèprë ët mati. Quand n'ouerë pas lou tèms dë soulamen dïrë un Pater *un* Ave Maria, *ë quan aoëre lou téms, n'ën maï dirë.*

Vaï quaouqua fèna ën paou d'iâgë a la mëssa ët lous aoutrës trabailloun tout l'ëstiëou ; et pëi, van ën hiver a la messa rién quë pér së mouqua dë la rëligiou, et la carëima van a la boucharia couma dë chis.

« Faites-vous bien votre prière, mes enfants? » leur demanda-t-Elle ensuite. Et les enfants répondirent : « Pas guère, Madame. » — « Ah! mes enfants, il faut bien la faire, soir et matin; quand vous ne pourrez pas mieux faire, dites seulement un *Pater* et un *Ave Maria;* et quand vous aurez le temps, il faut en dire davantage.

« Il ne va que quelques femmes un peu âgées à la messe; les autres travaillent tout l'été le dimanche, et l'hiver, quand ils ne savent que faire, ils ne vont à la messe que pour se moquer de la religion; le carême, ils vont à la boucherie comme des chiens. »

La sainte Vierge ajouta encore : « N'avez-vous jamais vu du blé gâté, mes enfants [4]. » Tous deux répondirent : « Oh! non, Madame. » Alors Elle dit à Maximin : « Mais toi, mon enfant, tu dois bien en avoir vu une fois, vers la terre du Coin [5] avec ton père. Le maître de la pièce dit à ton père : Venez voir comme mon blé se gâte. Vous y allâtes tous les

4. *N'ava gi vëgu dë bla gasta, mous maris?*
Oh! non, madama, n'avën gi vëgu.
Mé tu, moun mari, n'en dèves bien avë vëgu un viagë vès lou Couïn ëmbe toun papa; quë l'homë dë la pèça dicet a toun papa: vênè, véirë moun bla gasta? L'eï anèra, prënguèt dous trëïs ëipias dë bla dan sa ma; ët péi quë las frëtet, ët quë toumbèt tout en poussièra. Et pëi qu'ën vous rëtournan n'èra plus qu'ë dimeï houra luein de Couarp ët quë toun papa të dounè una peça dë pa ën të disan : Té, moun mari, mëngea aquëou pa, què saou pa qui n'en vaï mengea l'an quë vèn.
Ei ben vraï, madama, m'ën rappelavou pas.

5. Le Coin, hameau de la paroisse de Corps.

deux. Ton père prit deux ou trois épis dans sa main les froissa et tout tomba en poussière; puis, quand vous reveniez et n'étiez plus qu'à demi-heure de Corps, ton père te donna un morceau de pain en te disant : « Tiens, mon enfant, mange encore du pain cette année, car je ne sais qui en mangera l'année prochaine, si le blé continue encore (à se gâter) comme ça. » Et Maximin répondit : « C'est bien vrai, Madame, je ne me le rappelais pas. »

La sainte Vierge termina son discours par ces paroles prononcées en français : « Eh bien! mes enfants, vous le ferez passer à tout mon peuple ». Laissant les bergers, elle traverse le torrent de la Sézia et, sans se retourner vers eux, elle dit une seconde fois : « Eh bien! mes enfants, vous le ferez passer à tout mon peuple. »

Ayant prononcé ces paroles pour la seconde fois, la Belle Dame se dirige vers le Collet en suivant la direction de quelques sentiers tracés par les troupeaux sur le flanc du ravin, mais marchant « à la cime de l'herbe, dont elle ne faisait pas plier les tiges. »

Les enfants qui, d'abord, étaient demeurés immobiles près du lieu de la conversation, pensent à rejoindre la Belle Dame, mais, tandis que Maximin parcourt le chemin par où elle est déjà passée, et la suit pas à pas jusqu'en haut, Mélanie court et l'atteint rapidement, lui passe même devant et continue son ascension, en marchant à côté d'elle, à sa gauche, et la précédant légèrement.

Sur le petit plateau la Belle Dame s'arrête, Mélanie également; elle est en face de l'apparition.

LA CONVERSATION.

Maximin s'avance un peu sur la droite. La Vierge s'élève de terre et reste un instant suspendue, à peu près à la hauteur d'un mètre et demi. Elle élève alors ses yeux vers le ciel, et, à ce moment-là seulement, ses larmes cessent de couler. Elle tient ensuite son regard fixé tout droit devant elle : c'était la direction de l'Italie et de Rome. Elle abaisse enfin ce regard sur les enfants, les enveloppant de sa tendresse maternelle, puis elle commence à disparaître. La tête, les épaules, le reste du corps semblent se fondre successivement. Il ne reste bientôt plus qu'un peu de clarté, puis plus rien.

Au moment où la tête de la Belle Dame disparaissait, Maximin étendit la main pour saisir une des roses qui ornaient ses chaussures. La main de l'enfant se referma sur le vide.

Les deux petits bergers demeurèrent quelques instants immobiles et silencieux, le regard tourné vers le ciel. Ce fut Mélanie qui parla la première, et la réflexion qu'elle fit alors est bien l'expression de son ignorance : « C'est peut-être, dit-elle, le bon Dieu, ou la sainte Vierge de mon père, ou une grande sainte. — Ah ! répondit Maximin, si nous avions su que c'était une grande sainte, nous lui aurions bien dit de nous emmener avec elle en paradis. »

Les deux enfants demeurèrent encore une heure environ sur la montagne, jusque vers le moment du coucher du soleil. Ils reprirent ensuite le chemin des Ablandins, rencontrèrent en route quelques petits bergers auxquels ils ne dirent rien de ce qu'ils avaient vu, et ramenèrent leurs troupeaux à l'étable.

CHAPITRE IV

Le Discours de la Très Sainte Vierge.

Nous avons voulu donner, sans interruption, le récit de l'apparition de la très sainte Vierge. Mais le discours de la Belle Dame appelle quelques explications, sans quoi il pourrait s'y trouver quelques difficultés pour ceux qui le lisent sans commentaires.

Et d'abord, n'est-il pas extraordinaire d'entendre la Belle Dame s'exprimer successivement en français et en patois? Ne nous étonnons pas de l'entendre parler le patois de Corps. Il est tout simple qu'elle emploie,avec les deux enfants, le langage qu'ils pouvaient comprendre, comme, douze ans plus tard, à Lourdes, elle parlera à Bernadette son patois pyrénéen. Il n'y a pas, non plus, à trouver étrange cette sorte d'étonnement qu'elle témoigne à ses auditeurs : « Ah! mes enfants, vous ne comprenez pas le français, je vais vous le dire autrement. » Il faudrait alors nous étonner aussi de trouver dans le saint Évangile (Luc, VIII, 45) sur les lèvres de Notre-Seigneur au moment de la guérison de l'hémorrhoïsse, cette question : « Qui m'a touché? » La très sainte Vierge savait que les enfants ne comprenaient guère le français, comme Notre-Seigneur savait qui venait d'être guéri par la « vertu qui était sortie de lui. » La Mère, comme son Fils, parle à la manière des hommes qui conversent entre eux, et s'accommode à leur langage ordinaire, sans faire état de la science qui lui est propre.

Mais alors, pourquoi parler français à des enfants qui ne comprenaient pas ce qu'ils entendaient? Cela semble assez étrange à première vue, c'est vrai, mais quand on se rappelle ce qui s'est passé les premiers jours qui ont suivi l'apparition, on peut comprendre quel fut le dessein de la « Belle Dame ».

Notons que les enfants avaient, l'un et l'autre, entendu parler français, et que, si Maximin n'avait guère l'usage de cette langue, il était, sur ce point, moins ignorant que sa compagne. Il l'était assez, cependant, et Mélanie aussi, pour qu'il leur fût impossible de comprendre et surtout de retenir un discours comme celui de la « Belle Dame ». Ce discours est, en effet, l'énoncé d'idées abstraites et très différentes de celles qu'ils avaient entendu exprimer en français, en des conversations dont ils avaient pu, au moins vaguement, saisir le sens. Ils avaient assisté plus d'une fois à des entretiens entre des personnes du pays, causant en français et parlant de leurs récoltes, de leurs bestiaux et autres sujets semblables.

Dès lors, le fait, pour les enfants, de répéter un aussi long discours, dans une langue dont ils n'avaient pas l'usage, était assez extraordinaire pour attirer l'attention. Il y avait là un phénomène qui dépassait leurs capacités ordinaires, et quand bien même on n'arriverait pas à démontrer absolument qu'il y eût là, au point de vue intellectuel, un miracle bien caractérisé, il est indubitable que ce fait était un signe destiné à attester la réalité de leur mission. C'était assez pour motiver, de la part de la sainte Vierge, une façon de s'exprimer qui, tout d'abord, paraît assez singulière.

Les quelques divergences qui subsistent entre les relations du discours faites respectivement par Maximin et Mélanie seraient plutôt une preuve de la réalité de l'apparition. Des divergences analogues se relèvent en certain nombre dans les Évangiles, et, toute proportion gardée, sans vouloir pousser trop loin l'analogie, l'autorité des témoins n'en est pas plus infirmée ici que là. On ne trouve, d'ailleurs, entre les récits des deux enfants, comme le disait Mgr Ginoulhiac, évêque de Grenoble [1] « que ces différences insignifiantes qui, au sens de saint Thomas comme de tous les théologiens et de tous les juristes, rendent le témoignage plus indubitable. »

Enfin, on a voulu trouver des tournures défectueuses et jusqu'à des fautes de français dans le discours de la sainte Vierge. On en pourrait relever autant dans telle ou telle révélation dont l'authenticité ne fait pas doute. Ce scrupule de grammairien ne résiste pas à la considération du caractère personnel qu'un narrateur peut donner, sans la rendre fausse, à la relation des paroles d'un autre, et cette sorte de modification est un fait admis dans tous les phénomènes mystiques. Il peut déconcerter cer-

1. Instruction pastorale du 4 novembre 1854.

taines idées préconçues. Dans le cas présent, il est, du moins la preuve qu'il n'y avait pas eu entente préalable entre les enfants, ni action exercée sur eux par une tierce personne, car, dans l'un et l'autre cas, ils auraient appris par cœur une leçon préparée à l'avance, et, dès lors, ils auraient répété identiquement la même chose.

Ces premières difficultés étant écartées, le texte même du discours aura besoin de quelques éclaircissements.

« *Si mon peuple ne veut pas se soumettre, je suis forcée de laisser aller le bras de mon Fils. Il est si lourd et si pesant que je ne puis plus le retenir.* » L'espèce de contradiction qui se manifeste entre cette *impuissance* de la vierge Marie et son titre de *Toute-puissance suppliante*, n'est qu'apparente, car la toute-puissance de Dieu lui-même se brise contre la mauvaise volonté de l'homme rebelle.

« *Depuis le temps que je souffre pour vous autres!* » Là, les contradicteurs semblent avoir beau jeu. On ne peut pas souffrir dans le ciel. C'est vrai, et pourtant, tout glorieux qu'Il soit, Notre-Seigneur est apparu, souvent, crucifié, à des âmes qu'il favorisait de la vision de sa sainte Humanité, et souvent aussi, Il a parlé de sa tristesse et des souffrances que lui fait endurer le péché. On en trouve de nombreux exemples dans la vie de sainte Marguerite-Marie. Pour la très sainte Vierge, comme pour son divin Fils, il est question ici des souffrances endurées ici-bas, durant la vie mortelle, souffrances dont le souvenir conserve une sorte d'actualité, d'autant plus, qu'aux yeux de Dieu, toutes choses sont présentes.

Il faut en dire autant des larmes que verse la « Belle Dame ». C'est un aspect extérieur destiné à toucher nos cœurs, ou, suivant une heureuse expression, une projection dans le présent de ce qui, pour nous, est une réalité passée.

« *Si je veux que mon Fils ne vous abandonne pas, je suis chargée de le prier sans cesse. Et pour vous autres, vous n'en faites pas cas.* » C'est là l'expression la plus formelle de cette médiation auprès de Notre-Seigneur qui est la fonction de la vierge Marie dans le ciel, médiation dont notre malice peut seule rendre inutiles les effets.

« *Vous aurez beau prier, beau faire, jamais vous ne pourrez récompenser la peine que j'ai prise pour vous.* » Là encore, l'affirmation de la Belle Dame est l'expression d'une profonde vérité théologique. Puisque toutes les grâces que nous obtenons nous viennent par Marie, puisque d'autre part, les mérites de Marie surpassent incomparablement les mérites des autres créatures, tous, même les plus grands saints lui sont redevables, et ne sauraient lui rendre ce qu'elle a obtenu pour eux par sa très sainte vie, et surtout, par ses souffrances au pied de la croix.

« *Je vous ai donné six jours pour travailler, je me suis réservé le septième, et on ne veut pas me l'accorder. C'est ça qui appesantit tant le bras de mon Fils.* » La première de ces deux phrases semble ne pas convenir sur les lèvres de la très sainte Vierge, et cependant, le langage prophétique des livres inspirés nous fournirait cent exemples analogues. Ambassadrice du Très-Haut, Marie tient vraiment sa place, et a le droit, en cette qualité, de parler à la première personne.

« *Ceux qui conduisent les charettes ne savent pas jurer sans y mettre le nom de mon Fils. Ce sont les deux choses qui appesantissent tant le bras de mon Fils.* » Rien de plus clair que ces paroles, rien de plus juste que le reproche qu'elles expriment.

« *Si la récolte se gâte, ce n'est rien qu'à cause de vous autres. Je vous l'ai fait voir l'année dernière par la récolte des pommes de terre : vous n'en avez pas fait cas; c'est au contraire; quand vous en trouviez des gâtées, vous juriez, vous mettiez le nom de mon Fils. Elles vont continuer à pourrir, et à Noël il n'y en aura plus.* » La menace devait obtenir son plein effet à Corps, où, en réalité, d'après les témoignages contemporains, à Noël 1846 les pommes de terre étaient hors de prix. Des documents officiels attestent qu'il en était ainsi en Irlande et, d'une façon générale, en France, puisque le gouvernement interdisait l'exportation et favorisait l'importation de ce précieux tubercule.

Faisons tout de suite une remarque qu'il sera bon de se rappeler pour les menaces suivantes, c'est que, la prophétie de la « Belle Dame », ayant un caractère conditionnel, ne devait pas se réaliser partout d'une manière absolue, ni immédiate.

« *Si vous avez du blé, il ne faut pas le semer. Tout ce que vous sèmerez, les bêtes le mangeront; ce qui viendra tombera en poussière quand vous le battrez.* » En 1851 et 1852, le blé fut atteint d'une maladie, appelée le pictin, dont les symptômes sont ceux qu'avait décrits d'avance la « Belle Dame ».

« *Il viendra une grande famine. Avant que la famine vienne, les enfants au-dessous de sept ans pren-*

dront un tremblement et mourront entre les mains des personnes qui les tiendront. Les autres feront pénitence par la famine. Les noix deviendront mauvaises et les raisins pourriront.» La cherté des vivres fit, en effet, de 1854 à 1856 au moins deux cent cinquante mille victimes.

Quant à la mortalité des enfants, pour ne parler que du bourg de Corps, elle fut effrayante en 1847, puisque sur 1 300 habitants il y eut 99 décès dont 63 d'enfants. Un des frères de Maximin fut du nombre.

La maladie des noix commença en 1851, et celle des raisins, l'oïdium, en 1847.

A cet endroit la très sainte Vierge a donné aux enfants leur secret. Nous traiterons à part cette importante question.

La « Belle Dame » reprit ensuite : « *S'ils se convertissent, les pierres et les rochers se changeront en monceaux de blé, et les pommes de terre seront ensemencées par les terres.* » Ces expressions figurées, qui promettent des récompenses temporelles à la soumission envers les lois divines, n'ont rien qui doive nous étonner. Nous en trouvons d'analogues dans nos Saints Livres.

« *Faites-vous bien votre prière, mes enfants. — Pas guère, Madame. — Ah! mes enfants, il faut bien la faire, soir et matin; quand vous ne pourrez mieux faire, dire seulement un Pater et un Ave Maria, et quand vous aurez le temps, en dire davantage.* » La leçon de la très sainte Vierge était souverainement opportune pour les deux enfants. Ils en ont profité, car, dès le soir, ils ont essayé de faire leur prière, et il ne l'ont jamais plus manquée de leur vie.

L'ASSOMPTION.

« *Il ne va que quelques femmes un peu âgées à la messe; les autres travaillent le dimanche tout l'été; et l'hiver, quand ils ne savent que faire, ils ne vont à la messe que pour se moquer de la religion.* » Le mal signalé par la sainte Vierge était particulièrement à reprocher aux habitants de la Salette. Même parmi les femmes, celles qui étaient encore jeunes ne fréquentaient guère l'église au moment des travaux; celles qui étaient très âgées ne pouvaient se rendre aux offices à cause de la distance. Il n'y avait donc que les femmes *un peu âgées* qui remplissaient sur ce point leur devoir de chrétiennes. Et la mauvaise habitude de profaner le dimanche n'était que trop répandue dans la région.

« *Le carême, ils vont à la boucherie comme des chiens.* » Parole sévère, sans doute, mais non pas, comme on a osé le dire, inconvenante sur les lèvres de la très sainte Vierge. Notre-Seigneur n'a-t-il pas dit : « *Ne donnez pas ce qui est saint aux chiens, et ne jetez pas des perles devant les pourceaux.* » (Matth., VII, 6.) On ne voit pas pourquoi la Mère ne pourrait pas parler le langage de son Fils. Et, du reste, l'homme ne s'abaisse-t-il pas même au-dessous de l'animal, quand il se sert de sa raison pour offenser Dieu?

« *N'avez-vous jamais vu du blé gâté, mes enfants? — Non, Madame, nous n'en avons jamais vu. — Mais toi, mon enfant, tu dois bien en avoir vu une fois, près du Coin, avec ton père. Le maître de la pièce dit à ton père : « Venez voir mon blé gâté ». Vous y êtes allés tous les deux. Il prit deux ou trois épis dans sa main, puis il les froissa et tout tomba en poussière, puis vous vous en retournâtes. Quand vous étiez encore à une demi-heure de Corps, ton père te donna un morceau de pain en te disant : « Tiens, mon enfant, mange encore du pain cette année; je ne sais pas qui en mangera l'année prochaine, si le blé continue encore comme ça. — Oh ! oui, Madame, répond Maximin, je m'en souviens à présent, tout à l'heure je ne me le rappelais pas.* » Cet épisode qui peut sembler un peu long, eu égard au reste du discours, réclame quelques éclaircissements.

Le Coin, dont il est ici question, est un hameau de Corps, assez éloigné du bourg, et situé sur une sorte de promontoire qui se dresse entre la vallée du Drac et celle de la Sézia. Le père Giraud s'y était rendu quelque temps auparavant, accompagné de Maximin, pour acheter un frêne à un propriétaire de l'endroit nommé Arnaud. C'est celui-ci qui fit voir aux visiteurs son blé gâté. De ce fait et de sa conversation avec son père, au retour, Maximin n'avait gardé aucun souvenir. La précision des détails donnés par la Belle Dame frappe la mémoire de l'enfant qui se rappelle aussitôt l'événement. Et cette particularité fut le motif qui permit à Maximin de faire enfin entendre à son père le récit de l'apparition. « Mais, mon père, dit l'enfant, cette Dame m'a aussi parlé de vous. — Ah! vraiment, et que t'a-t-elle dit? » Et après avoir entendu son petit garçon, le père Giraud fut très frappé, car personne n'avait été témoin de sa conversation au retour du Coin. Ce fut là, pour cet homme, dont la conscience, au fond, était droite, l'occasion de réflexions sérieuses, et, ayant obtenu, en buvant, sur la montagne, de l'eau de la Fontaine, la guérison d'un asthme dont il souffrait depuis longtemps, il se convertit sincèrement, et persévéra jusqu'à sa mort dans la pratique exacte de ses devoirs de chrétien.

Tels sont les principaux commentaires indispensables à l'intelligence du discours de la « Belle Dame ». Nous ne prétendons pas avoir épuisé la matière, mais nous pensons avoir pu contribuer à faire disparaître certaines obscurités, et tomber certaines objections.

CHAPITRE V

Les premiers témoignages.

Arrivée chez son maître, Baptiste Pra, Mélanie conduisit ses vaches à l'étable, et y resta avec elles, ainsi que cela lui arrivait souvent.

Maximin fit, lui aussi, entrer les vaches à l'étable. Il y trouva Pierre Selme qui lui dit : « Eh! bien, Maximin, tu n'es pas revenu me trouver dans mon champ. — Oh! me dit-il, vous ne savez pas ce qui est arrivé? — Et qu'est-ce donc qui est arrivé? demanda Selme. — Nous avons trouvé près du ruisseau une belle Dame qui nous a amusés longtemps et qui nous a fait deviser avec Mélanie... » Puis, l'enfant prie son maître d'attacher lui-même ses vaches, et le voilà qui part, rapide comme l'éclair chez Baptiste Pra qu'il connaissait particulièrement, parce que sa sœur avait été en service chez lui l'année précédente.

Maximin trouve là, toute seule, la mère de Baptiste Pra. Il lui pose avec sa naïve confiance cette question extraordinaire : « N'avez-vous pas vu passer une *Belle Dame en feu ?* » La mère Pra répond qu'elle n'a vu passer personne, mais, à son tour, elle interroge Maximin et lui demande ce qu'il veut dire avec sa *Dame en feu.* Maximin fait alors à la bonne vieille grand'mère le premier récit de l'apparition.

Cependant, Baptiste Pra arrive à son tour. Il trouve sa mère en larmes, et veut savoir la cause de son émotion. Maximin recommence alors son récit auquel sont convoqués la femme et les enfants de Baptiste Pra, ainsi que son frère Jacques. Puis ce sont les autres habitants du hameau, et, entre autres, Pierre Selme. On s'avise alors de faire comparaître aussi Mélanie. « Pourquoi, lui demande-t-on, ne nous dis-tu rien de ce que tu as vu avec Maximin? — Eh! répond-elle, si Maximin vous l'a dit, je n'ai pas besoin de vous le dire. » On l'entraîne cependant, on l'oblige à faire à son tour le récit de l'apparition et on constate qu'il concorde parfaitement avec celui du petit garçon.

La vieille mère Pra eut, au cours de ces récits des réflexions pleines de bon sens : « Ce doit être, dit-elle, la sainte Vierge qui est apparue à ces petits, car il n'y a qu'elle au ciel dont le Fils gouverne. » Et s'adressant à son fils Jacques : « Tu iras maintenant travailler le dimanche, après ce que la sainte Vierge a dit à cette petite! » Le jeune homme, qui était assez mal disposé, répondit : « J'irai peut-être croire que la sainte Vierge est apparue à cette petite qui ne fait pas même sa prière ! »

Baptiste Pra qui n'était pas lui-même encore absolument convaincu, fit cependant, dès le soir, une relation de l'événement, laquelle est, à tout prendre, assez exacte, puis, Pierre Selme et lui décidèrent que le lendemain, dimanche, les enfants iraient raconter au curé du village ce qu'ils avaient vu et entendu.

Mélanie dormit peu et demanda plusieurs fois dans la nuit s'il n'était pas encore temps de se rendre au presbytère. Elle se leva de bonne heure, et, avec Maximin, partit pour aller chez le curé, M. Jacques Perrin, vieillard vénérable mais « simple de mœurs et de langage ». En arrivant au village de l'église, les enfants rencontrèrent le garde champêtre à qui ils racontèrent ce qu'ils allaient dire au curé. Le garde champêtre, qui se rendait chez le maire, se hâta de répéter à celui-ci ce qu'il venait d'apprendre. Pendant ce temps, Maximin et Mélanie étaient accueillis par la servante du curé, la vieille Françoise. Pensant que ces deux petits pâtres ne pouvaient pas avoir grand'chose à dire à leur pasteur, elle se fit faire à elle-même le récit de l'apparition. De la pièce voisine, le curé entendait tout. Quand Maximin qui, moins timide que sa compagne, avait pris la parole, eut fini sa narration, le curé s'avança tout en larmes : « Ah ! mes enfants, leur dit-il, vous êtes bien heureux, vous avez vu la sainte Vierge ! »

Ce fut sous l'empire de cette persuasion qu'il alla dire sa messe paroissiale. Maximin n'y assista point.

Son maître le rejoignit au moment où la messe allait commencer et le reconduisit à Corps pour le rendre à son père, car il n'avait plus besoin de ses services.

Mélanie, elle, assista à la messe et put entendre le bon curé essayer de raconter en chaire, ce qu'il venait d'apprendre. Mais le pauvre homme était en proie à une telle émotion que les larmes et les sanglots interrompirent plusieurs fois son discours et le rendirent à peu près inintelligible.

Il y avait, après la messe, réunion du conseil municipal. Le maire, M. Peytard, dont l'attention avait été attirée par le récit du garde champêtre et le prône du curé, interpella en plaisantant, un conseiller, nommé Moussier, qui était des Ablandins, lui demandant quelques explications sur ce que racontaient les petits bergers. Moussier répondit sérieusement que la chose était peut-être plus grave que l'on ne pensait. Cette parole fit réfléchir le maire qui voulut se rendre compte par lui-même des affirmations des enfants.

M. Peytard se rendit donc dans la soirée du dimanche 20 septembre aux Ablandins, pour y interroger les enfants. Il n'y trouva que Mélanie, et essaya en vain de lui donner de l'argent pour l'engager à se démentir. Il n'eut pas plus de succès avec Maximin quelques jours plus tard.

Le petit berger, dès le soir de son retour, avait fait chez lui le récit de l'apparition. Le mardi suivant, il eut l'occasion de le faire à M. l'abbé Mélin procuré de Corps, et le vendredi 25 septembre il réussissait à le faire entendre en entier à son père qui jusque-là s'était montré incrédule.

CHAPITRE VI

Les Secrets.

Au cours de la conversation entre les deux enfants, qui avait suivi l'apparition, Maximin, avait adressé à sa compagne cette question assez originale : « Mais qu'est-ce qu'elle te disait donc quand elle ne disait rien? » Mélanie répondit : « Ah! elle m'a dit quelque chose que tu ne sauras pas. C'est un secret, elle m'a défendu de le dire. » — « Eh! bien reprit Maximin, je suis bien content, car elle m'a dit aussi un secret et tu ne le sauras pas non plus. » Cependant, quelques instants après il revenait sur ce sujet : « Dis-moi ton secret, et je te dirai le mien. » Il se heurta à un refus formel, et, plus tard, à ceux qui lui reprochaient cette tentative d'échange coupable il répondit : « Oh! je lui aurais bien pris son secret, mais je ne lui aurais pas donné le mien. »

Les deux enfants ne dirent rien de ces secrets dans leurs premiers récits, mais quelques jours plus tard, M. Mélin leur ayant posé cette question : «La Belle Dame ne vous a-t-elle rien dit de plus? » les enfants répondirent : « Si, elle nous a dit encore quelque chose, mais elle nous a défendu de le dire ».

Comme il était permis de s'y attendre, cette particularité excita au plus haut point la curiosité de tous ceux qui approchaient les enfants, et, dès lors, quand on eut l'occasion de les interroger, on mit tout en œuvre pour leur arracher ces fameux secrets.

Tout fut inutile.

Ils eurent, dans une multitude de circonstances les réponses les plus déconcertantes et les plus sensées. Ils eurent la fermeté la plus invincible pour garder les secrets à eux confiés par la très sainte Vierge.

Une des tentatives les plus célèbres, à cet égard, fut celle que fit en 1848, auprès de Maximin surtout, l'abbé Dupanloup, quelques jours avant sa nomination à l'évêché d'Orléans. Dans une lettre écrite à la descente de la sainte Montagne, M. Dupanloup rappelle tous ses efforts, ses offres et son insuccès. « Je cessai, dès lors, dit-il vers la fin, une lutte inutile. Je sentis que la dignité de l'enfant était plus grande que la mienne. Je posai avec amitié et respect ma main sur sa tête; je traçais une croix sur son front et je lui dis : « Adieu, mon cher enfant; j'espère que la sainte Vierge excuse toutes les instances que je vous ai faites. Soyez toute votre vie fidèle à la grâce que vous avez reçue. » Et après quelques moments, nous nous quittâmes pour ne plus nous revoir. »

Tous ceux qui, jusqu'en 1851 renouvelèrent de pareils essais eurent à essuyer le même échec.

Au mois de mars de cette année-là, Mgr Philibert de Bruillard, évêque de Grenoble, apprit que le souverain pontife Pie IX avait manifesté le désir de connaître le secret des enfants.

Le 23 mars, M. le chanoine Auvergne, secrétaire

de l'évêché, se rendit au petit séminaire du Rondeau où était Maximin, puis au couvent de la Providence de Corenc, où était Mélanie. Il persuada assez facilement au petit garçon de livrer son secret au pape, mais auprès de Mélanie, il trouva de vives hésitations, presque de la résistance.

Le 26 mars, M. le chanoine Rousselot, vicaire général et professeur au grand séminaire monta à son tour à Corenc et parvint à décider Mélanie. Le lendemain, il constatait que Maximin était toujours dans les dispositions où l'avait laissé M. Auvergne.

Le 2 juillet 1851 les enfants écrivirent leurs secrets, Maximin à l'évêché de Grenoble, Mélanie dans une école de la ville dirigée par les sœurs de la Providence, l'un et l'autre en présence de témoins désignés par l'évêque. Mélanie ayant ensuite réfléchi qu'elle avait laissé une inexactitude dans sa rédaction, fut autorisée à la refaire le lendemain.

Mgr Philibert de Bruillard désigna, pour porter ces documents au souverain pontife, deux ecclésiastiques du plus grand mérite : M. Rousselot et M. Gerin, curé de la cathédrale. Ces deux vénérables prêtres prirent la route de Rome quelques jours après, et, le 18 juillet, ils étaient admis à l'audience du saint-père.

« Ils remettaient, raconte M. Rousselot, à Sa Sainteté Pie IX trois lettres : une de Mgr de Grenoble, qui accréditait ses deux envoyés, et les deux autres renfermant le secret des enfants de la Salette. Chaque enfant avait écrit et cacheté la lettre contenant son secret, en présence de témoins qui avaient déclaré sur l'enveloppe que l'incluse était de main propre.

« Sa Sainteté décacheta en notre présence les trois lettres, les lut et, commençant par celle de Maximin, Elle dit : « Il y a ici la candeur et la sim-« plicité d'un enfant. » Nous répondîmes que ces enfants sont de petits montagnards, qui depuis quelque temps sont entrés dans les maisons d'éducation.

« Pour mieux lire les deux lettres, Sa Sainteté se leva, et s'approcha d'une fenêtre dont Elle ouvrit le volet. Nous la suivîmes. Après la lecture de la lettre de Mélanie, Sa Sainteté nous dit : « Il faut « que je lise ces lettres à tête reposée. » Pendant la lecture de cette dernière lettre, une certaine émotion se manifesta sur le visage du saint-père; ses lèvres se contractèrent et ses joues se gonflèrent. Lecture faite, le saint-père nous dit : « Ce sont des « fléaux dont la France est menacée : elle n'est pas « seule coupable : l'Allemagne, l'Italie, toute l'Europe « est coupable et mérite des châtiments. J'ai moins « à craindre de l'impiété ouverte que de l'indifférence « et du respect humain... Ce n'est pas sans raison que « l'Église est appelée militante, et vous en voyez ici « le Capitaine, en portant la main droite sur sa poi-« trine. » (*Écho de la sainte Montagne*, 3e édition, p. 239.)

Après cette démarche auprès du saint-père, les enfants parurent heureux de l'avoir faite. Le souverain pontife ne jugea cependant pas à propos de faire connaître ce qui lui avait été communiqué.

Depuis ce 18 juillet 1851, une foule de brochures et d'ouvrages ont été publiés au sujet des secrets de la Salette, et particulièrement du secret de Mélanie. Le 14 août 1880, une lettre du cardinal

Caterini, secrétaire du Saint-Office, exprimait le désir que les brochures renfermant le texte du Secret fussent retirées des mains des fidèles, et le 21 décembre 1915, un décret de la même congrégation du Saint-Office ordonne à tous les fidèles, à quelque pays qu'ils appartiennent, de s'abstenir de traiter et de discuter la question du Secret de la Salette, « sous quelque prétexte ou sous quelque forme que ce soit, tels que livres, brochures, ou articles signés ou anonymes, ou de toute autre manière, » et cela sous les peines canoniques les plus sévères. (*Annales de Notre-Dame de la Salette*, mars 1913 et janvier 1916.)

Il faut donc en revenir, sur cette question, à l'attitude adoptée dès les premiers jours par les enfants, c'est-à-dire, à la discrétion la plus absolue.

CHAPITRE VII

La Source Miraculeuse.

L'apparition avait eu lieu près de la Petite Fontaine. Or, quelques heures avant, les deux enfants avaient constaté qu'elle ne fluait pas, et leur témoignage pourrait être corroboré par celui de Pierre Selme qui, étant venu à cet endroit dans la matinée, avait fait la même constatation.

D'après les gens du pays, cette fontaine coulait seulement à la fonte des neiges ou après les très fortes pluies.

Le 21 septembre, surlendemain de l'apparition, plusieurs habitants de la Salette voulurent voir les lieux où s'étaient passés les faits extraordinaires racontés par les deux enfants. Ils furent très étonnés de constater que la fontaine « donnait une eau assez abondante, claire et limpide. »

Il en fut de même de tous ceux qui firent l'ascension de la montagne au cours de la semaine.

Huit jours après cette première constatation, le lundi 28 septembre, M. Mélin, procuré de Corps, gravissait à son tour les pentes du Mont-sous-les-Baisses, avec plusieurs personnes, parmi lesquelles se trouvait Maximin. Les pieux pèlerins furent si émus en se trouvant sur ces lieux bénis qu'ils en oublièrent de prendre leur repas. La fontaine coulait toujours. A la descente, M. Mélin pensa qu'il aurait fallu prendre de cette eau, et Maximin remonta avec un de ses compagnons, et en remplit une bouteille, non sans avoir versé sur le gazon le vin qu'elle contenait et auquel personne n'avait touché. Cette première provision fut l'instrument d'une guérison extraordinaire.

La fontaine n'a jamais cessé de couler, même aux années de fortes sécheresses.

Elle resta dans son état primitif jusqu'au 10 septembre de l'année suivante. A cette date, en faisant quelques préparatifs pour le premier anniversaire, on entoura la source d'une maçonnerie qui laissait fluer l'eau par un tube en fer. Plus tard on disposa sous ce tube une pierre creusée en forme de bassin assez profond.

M. Mélin avait vu quelque chose d'extraordinaire dans le fait que la fontaine coulait. Il avait pensé qu'une relation existait entre ce fait et celui de l'apparition. Ce fut aussi l'opinion de l'ensemble des fidèles, et, à peine la connaissance de l'apparition fut-elle répandue, à peine connut-on l'existence de la fontaine, que, de toutes parts on la qualifia de miraculeuse, de toutes parts on voulut se procurer un peu de son eau.

Dès les premiers mois qui suivirent l'apparition, les curés de Corps et de la Salette reçurent une grande quantité de lettres demandant de cette eau si précieuse, et à l'heure présente, on en demande encore de toutes les parties du monde. Innombrables sont les faveurs obtenues par l'emploi de cette eau accompagné de la prière et de la confiance en Notre-Dame.

Ajoutons que les effets merveilleux de l'eau de la Salette ne sauraient être attribués à une cause naturelle : l'analyse chimique n'y ayant découvert d'autres éléments que ceux qui constituent une eau saine et potable.

C'est donc à juste titre que la dévotion populaire a considéré la fontaine miraculeuse comme un souvenir miséricordieux laissé par la très sainte Vierge en mémoire de son apparition. Peu importe, d'autre part, que la source ait existé avant le 19 septembre 1846. L'essentiel, pour qu'elle puisse être appelée miraculeuse, est que les effets de l'eau qui s'y recueille, dépassent les forces de la nature. Il faut bien reconnaître cependant que la perpétuité de la fontaine date de l'apparition, et c'est là aussi un fait extraordinaire.

DEUXIÈME PARTIE

HISTOIRE DU PÈLERINAGE

CHAPITRE I

L'Enquête canonique.

Dès le 20 septembre 1846, l'événement de la Salette avait commencé à émouvoir les populations. Cette émotion alla grandissant à mesure que les jours s'écoulaient, si bien que M. l'abbé Mélin procuré de Corps, crut devoir informer du fait l'évêque de Grenoble, Mgr Philibert de Bruillard.

L'abbé Mélin était un prêtre remarquable, d'une grande dignité de vie, d'une prudence consommée, et gouvernant sa paroisse, malgré des circonstances difficiles, avec une autorité indiscutée.

L'évêque, lui, occupait le siège de Grenoble depuis vingt ans, après avoir rempli les fonctions du saint ministère à Paris, dans les situations les plus en vue. C'était un prélat fort vénérable, chez qui les lumières naturelles étaient complétées par une longue expérience des hommes et de la vie.

Le 4 octobre 1846, M. Mélin écrivait donc à Mgr de Bruillard : « Je vais, maintenant, communiquer à Sa Grandeur la chose la plus extraordinaire que j'aie entendue depuis que je suis dans le ministère.... » Et après un récit succinct des événements : «Le récit de ces deux enfants a produit un effet extraordinaire dans les environs, même chez les hommes.... je n'ai rien pu découvrir qui dénote le moins du monde la supercherie et le mensonge.... L'interprétation des fidèles a été tout naturellement, que c'était la Bonne Mère qui venait avertir le monde.... Ma conviction personnelle, d'après tout ce que j'ai pu recueillir de preuves, ne diffère pas de celle des fidèles.... »

A la réception de cette lettre, l'évêque jugea que toute précipitation dans les jugements serait dangereuse, et que, au contraire, la prudence ne pourrait avoir que de bons effets. Il envoya donc, le 9 octobre, à tous les membres de son clergé une lettre circulaire rappelant les dispositions des statuts diocésains relatives aux miracles nouveaux, et prescrivant la plus grande réserve, « et surtout le silence absolu, par rapport à cet objet, dans la tribune sacrée. »

Ces prescriptions si sages furent accueillies avec le respect et la soumission qu'elles appelaient. Cependant Mgr n'avait interdit ni de se rendre à la Salette, ni de recueillir des renseignements sur l'événement merveilleux. Aussi, en octobre et en novembre 1846, un certain nombre d'ecclésiastiques gravirent-ils la montagne de la Salette pour se renseigner personnellement. Il faut citer parmi eux notamment M. Chambon, supérieur du petit séminaire du Rondeau, et trois professeurs de cette maison, M. Cat, curé-archiprêtre de la Mure, et ses vicaires, M. Eymery, vicaire à Mens, pour nous en tenir aux principaux.

L'évêque de son côté, ne demeurait pas inactif. Il voulait être impartial mais non pas indifférent en la question, et faisait diligence pour recueillir les informations les plus circonstanciées. « Il écoutait, dit M. Rousselot [1], les récits qui lui étaient faits par les pèlerins du dedans et du dehors; il faisait visiter les lieux, interroger les deux petits bergers, non seulement par les curés de Corps et de la Salette, mais encore par les prêtres les plus respectables des cantons limitrophes; il chargeait des ecclésiastiques distingués de la ville épiscopale, de lui rendre compte, même par écrit, des impressions qu'ils rapporteraient des lieux soigneusement explorés. »

En décembre 1846, l'évêque fit examiner le volumineux dossier, ainsi rassemblé, par deux commissions, dont l'une se composait des membres du chapitre cathédral, et l'autre des directeurs du grand séminaire.

Le 15 du même mois, les deux commissions remettaient à l'évêque leurs conclusions. En termes différents, elles exprimaient l'une et l'autre le même avis: les renseignements recueillis jusque-là ne permettaient pas de prendre une décision définitive en une matière si grave. Mieux valait attendre pour arriver à une vraie certitude, soit par un examen plus approfondi des éléments de la question, soit par les preuves extérieures qui pourraient se produire, si Dieu daignait confirmer l'apparition par des miracles.

Conformément à ces conclusions, on continuait à recevoir et à conserver toutes les informations utiles, et comme, d'une part, le mouvement des

1. *Nouveaux documents*, p. 12.

pèlerins commençait à être considérable à la Salette, et que, d'autre part, il était question déjà de nombreux miracles, Mgr de Bruillard, par une ordonnance du 19 juillet 1847, nommait M. Rousselot et M. Orcel, supérieur du grand séminaire, commissaires-délégués « pour dresser une enquête et recueillir tous les renseignements relatifs au fait dont il s'agit. »

Les deux vénérables commissaires se mirent en route, et parcoururent d'abord neuf diocèses du midi de la France où avaient eu lieu des faveurs extraordinaires obtenues soit par l'invocation de Notre-Dame de la Salette, soit par l'usage de l'eau miraculeuse. Ils passèrent, à leur retour, à Corps et sur la Montagne, et achevèrent là leurs recherches dont le résultat fut consigné dans un volumineux rapport, rédigé par M. Rousselot, et qui fut publié en 1848 sous ce titre : *La vérité sur l'événement de la Salette.* Ce rapport fut terminé le 15 octobre 1847.

Fin octobre de la même année, Mgr Philibert de Bruillard constituait une nouvelle commission dont il se réservait la présidence, et qui se composait des vicaires généraux titulaires, des chanoines de la cathédrale, du supérieur du grand séminaire et des curés des cinq paroisses de la ville épiscopale. Cette commission tint à l'évêché huit séances, les 8, 15, 16, 17, 22 et 29 novembre, et les 6 et 13 décembre. On y discuta très sérieusement le rapport des deux commissaires enquêteurs, lequel finit par être adopté comme l'expression fidèle et sincère de la conviction de la commission, c'est-à-dire, de la grande majorité de celle-ci. Mgr ne porta pas cependant de jugement, mais se réserva de le faire en temps convenable.

CHAPITRE II

L'Opposition.

Il y avait donc, dans la commission, quelques membres qui ne partageaient pas l'avis de la majorité. Ils avaient été dans leur droit en faisant valoir leurs objections au cours des réunions, mais, comme dans toute assemblée délibérante, une fois le vote final acquis, leur rôle était terminé. Ils ne comprirent pas ainsi la ligne de conduite qui s'imposait à eux, mais s'affichèrent publiquement comme refusant de croire à la réalité de l'apparition, et d'adhérer aux conclusions du rapport adopté par la majorité.

Tous ceux qui avaient hésité à accepter le récit des enfants de la Salette se rangèrent à la suite de ces chefs, dont l'un, ecclésiastique de mœurs graves et attaché à ses devoirs, était l'abbé Cartellier, curé-archiprêtre de Saint-Joseph-de-Grenoble, auteur d'un manuscrit que l'on se communiquait en secret, et où se trouvaient, disait-on, des preuves péremptoires de la fausseté de l'apparition.

La presse entra bientôt dans le débat par un article de la *Voix de la Vérité*, journal de Grenoble, en date du 10 juin 1850. Cet article tendancieux essayait de jeter le doute sur la réalité de l'apparition. Il fut suivi, le 5 juillet, d'une lettre de réclamation, écrite par M. le chanoine Auvergne, secrétaire de l'évêché.

Il fut question aussi à la même époque de l'examen du fait de la Salette par le concile provincial de Lyon dont l'ouverture avait été indiquée pour le 30 juin. Mais le concile laissa la chose absolument de côté.

Ces bruits avaient cependant produit une certaine effervescence, mais, ainsi qu'il arrive toujours en pareil cas, beaucoup parlaient dans un sens ou dans l'autre sans avoir étudié suffisamment de quoi ils avaient à discourir, et M. Rousselot raconte plaisamment [1] la mésaventure d'un opposant lui reprochant d'avoir raconté dans ses ouvrages de faux miracles, et obligé de reconnaître, ces ouvrages en main, que les miracles incriminés n'y avaient jamais trouvé place.

A cette époque, l'opposition était encore presque à l'état latent. Un événement malencontreux n'allait pas tarder à lui fournir un argument qu'elle devait exploiter avec une habileté consommée.

CHAPITRE III

L'incident d'Ars.

Un incident des plus insignifiants, une étourderie d'enfant devait jeter le trouble dans un grand nombre d'âmes, à commencer par celle du bienheureux curé d'Ars.

1. *Un nouveau Sanctuaire à Marie*, p. 28.

« Dans l'automne de 1850, raconte Mgr Giray d'après des auteurs contemporains[2], Maximin arrive à Ars (avec sa sœur Angélique) sous la conduite de trois pèlerins de la Salette (MM. de Brayer, Verrier et Thibaut), personnes fort honorables, mais peu prudentes en cette circonstance, puisqu'elles oublièrent, comme on l'a remarqué très justement, que le fait du 19 septembre (1846) avait placé les enfants sous la tutelle religieuse de Mgr de Grenoble, et qu'elles n'avaient pas qualité pour s'occuper de la vocation de cet enfant, qu'elles amenaient cependant pour consulter M. le curé d'Ars à ce sujet, après un voyage entrepris malgré l'opposition de M. Mélin, et poursuivi malgré la défense de Mgr de Bruillard, avec des visées politiques plutôt qu'avec des intentions religieuses car « le fait de la Salette, d'après M. Rousselot, était totalement étranger à la course d'Ars. »

« M. l'abbé Raymond remplissait alors, à Ars, les fonctions de prêtre coadjuteur du curé d'Ars. Il ne croyait pas à l'apparition de la Salette; il accueillit fort mal le jeune berger, le traita d'imposteur, et lui dit qu'il avait bien pu tromper tous les autres, mais qu'on ne trompait pas M. le curé d'Ars. Il mêla à toutes ces aménités une histoire de jeunes filles qui avaient aussi inventé une apparition, il y avait plus de trente ans, et étaient venues tout récemment lui avouer leur imposture.

« Le lendemain (25 septembre 1850) il vit M. le curé en particulier à deux reprises différentes : une pre-

2. *Les Miracles de la Salette*, t. II, p. 271 et suivantes.

mière fois dans la sacristie, et la seconde derrière l'autel, où il y avait une grille pour confesser les hommes.

« Que s'était-il passé entre M. le curé et le jeune berger? On a beaucoup écrit là-dessus sans obtenir de résultat satisfaisant. — Y eut-il un simple malentendu ou quelque chose de plus grave?

« C'est dans cette entrevue si courte, remarque M. Rousselot, à la page 32 du *Nouveau sanctuaire*, que Maximin aurait démenti tout ce qu'il avait dit et soutenu jusque-là avec tant d'intrépidité... Un simple malentendu, voilà cependant à quoi tout se réduit dans l'épouvantable fantasmagorie d'Ars. Maximin convient d'avoir dit qu'*il n'a pas vu la sainte Vierge*, parce qu'en effet, il n'a jamais dit autre chose sinon qu'il a vu une *Belle Dame*, et qu'il n'a su qu'après, que cette *Belle Dame* était la sainte Vierge. — Par là s'expliquerait la méprise du curé d'Ars.

« Telle est la thèse que M. Rousselot a toujours défendue, avec autant de conviction que de vraisemblance. Il envisage pourtant une autre explication. « Supposé, dit-il, p. 126 et p. 146, que Maxi-« min se soit démenti ou rétracté, ce démenti ou « cette rétractation n'infirme en rien, et à plus forte « raison ne détruit nullement le fait de la Salette. »

« C'est que, dans ces conditions-là, Maximin aurait simplement voulu éprouver la pénétration du curé d'Ars, et lui aurait, par une étourderie impardonnable et par une feinte plus coupable encore, assuré n'avoir rien vu sur la Montagne de la Salette. Dès lors, la croyance à la Salette ne pouvait guère subsister chez le curé d'Ars qui répétait souvent : « *Si ce que l'enfant m'a dit est vrai*, on ne peut pas y croire! »

Quelle que soit l'explication que l'on adopte, il est un fait certain, c'est que le curé d'Ars cessa de croire à la Salette, et, quand la chose fut connue du public, beaucoup d'autres personnes cessèrent, elles aussi, d'y croire. D'ailleurs, M. Raymond se chargea d'ébruiter tout ce qui s'était passé, à la grande affliction du bon curé qui aurait désiré que l'on fît le silence là-dessus.

Ajoutons, pour n'y plus revenir, que le bienheureux resta dans ce doute, qui fut pour lui un supplice, jusqu'à l'année 1858, qui précéda celle de sa mort. A cette époque, ayant demandé des signes surnaturels il les obtint, et recommença de croire à la réalité de l'apparition, et de recommander la dévotion à Notre-Dame de la Salette.

Mais il est facile de comprendre combien son incroyance momentanée fut un argument redoutable entre les mains des opposants. La vénération universelle dont le curé d'Ars était l'objet, le concours des pèlerins qui se rendaient vers lui de tous les points de l'univers, l'esprit prophétique dont il avait plus d'une fois donné des preuves, tout se réunissait pour confondre Maximin malgré ses dénégations et ses protestations. Il est bien clair qu'entre la parole du curé d'Ars et la sienne il y avait une grande différence d'autorité. L'évêque de Belley, Mgr Devie, avait beau répondre à l'évêque de Grenoble qui lui avait écrit à ce sujet, que la question n'était pas de la compétence de M. le curé d'Ars, rien n'y faisait.

Pour nous qui savons le retour du curé d'Ars à sa croyance primitive, cet incident malheureux s'est éclairé d'un jour nouveau, et l'explication la plus plausible, c'est que Maximin a voulu répondre au défi de l'abbé Raymond et éprouver la pénétration du saint curé. A cette époque, il n'y avait qu'un fait patent, le changement d'opinion de M. Vianney, ce qui mettait les croyants à la torture et les opposants dans la joie.

En juillet 1851 avait eu lieu le voyage à Rome de MM. Rousselot et Gerin. Nous en avons parlé plus haut. En septembre de la même année, à la retraite ecclésiastique, une pétition bientôt revêtue de deux cent quarante signatures fut remise à Mgr de Bruillard, pour lui demander de hâter son jugement doctrinal sur la Salette. Une contre-pétition ne recueillit que dix-sept noms, et fut suivie d'une distribution de feuillets lithographiés contre la Salette. L'un était signé *J. Robert.* Ce n'était là qu'un pseudonyme. L'autre, qui mettait en parallèle le voyage de Maximin à Ars et celui des délégués de l'évêque à Rome, était l'œuvre de l'abbé Cartellier, lequel en revendiqua du reste bientôt la responsabilité. C'était le commencement d'une lutte qui devait être acharnée de part et d'autre.

CHAPITRE IV

Le Jugement doctrinal.

A l'heure où son clergé demandait au vieil évêque de Grenoble de promulguer son jugement, le mandement doctrinal était prêt. Il porte la date du

19 septembre. Mais avant de le publier, le sage prélat voulut s'entourer des plus hautes approbations. Il s'était fait aider, dans la rédaction de ce document, par Mgr Villecourt, évêque de la Rochelle, que Pie IX devait créer cardinal en 1855, et il le soumit au jugement du cardinal Lambruschini, préfet de la Sacrée Congrégation des Rites. Celui-ci fit subir au dispositif une légère modification, — la suppression du *Te Deum* que Mgr de Bruillard avait cru devoir prescrire — et approuva tout le reste sans restriction. Le mandement fut lu le 16 novembre 1851 dans les six cents églises ou chapelles du diocèse de Grenoble.

Dans ce document solennel, l'évêque de Grenoble déclarait :

« Nous jugeons que l'apparition de la sainte Vierge à deux bergers, le 19 septembre 1846, sur une montagne de la chaîne des Alpes, située dans la paroisse de la Salette, de l'archiprêtré de Corps, porte en elle-même tous les caractères de la vérité, et que les fidèles sont fondés à la croire indubitable et certaine. »

L'évêque annonçait ensuite son intention d'ériger une église sur la Montagne de la Salette, et exhortait ses diocésains à tenir compte des avertissements maternels donnés par la vierge Marie.

Ce mandement fut reçu avec joie dans le diocèse de Grenoble, par la grande majorité du clergé et des fidèles, et un certain nombre d'évêques voulurent écrire à Mgr Philibert de Bruillard pour lui donner une adhésion pleine et entière.

Le 1er mai 1852, Mgr de Grenoble publiait un

autre mandement annonçant pour le 25 du même mois la pose de la première pierre de la future église, et faisant connaître son intention de constituer un corps de missionnaires destinés à desservir le pèlerinage et à évangéliser le diocèse.

Il semblait que des actes si solennels auraient dû désarmer l'opposition. Il n'en fut rien.

CHAPITRE V

L'opposition. L'affaire Lamerlière.

Dans les jours qui suivirent le 25 mai 1852, des anonymes répandirent dans la ville de Grenoble et dans le diocèse des chansons que Mgr de Bruillard condamna avec une juste indignation par une lettre circulaire du 16 juin.

Fin août, paraissait la première partie d'un ouvrage ayant pour titre *La Salette-Fallavaux*, dont le second volume devait voir le jour l'année suivante. L'auteur, qui se cachait sous le pseudonyme de *Donnadieu*, n'était autre que l'abbé Déléon, celui qui avait déjà signé *J. Robert*. C'était un prêtre en difficultés avec son évêque, frappé d'interdit le 30 janvier 1852; — il devait l'être encore le 28 septembre 1854. Dans le premier volume il reprenait les arguments contenus dans les manuscrits de M. Cartellier et tendait à prouver que, sur la Montagne de la Salette, les enfants n'avaient rien vu, *ni homme, ni femme, ni blanc, ni noir.* Les affirmations gratuites se pressaient en foule sous sa plume, notamment au sujet des miracles dont il niait la force probante en faveur de l'apparition de la Salette.

Mais en 1853, un changement s'était produit dans le gouvernement du diocèse de Grenoble. Le vénérable Mgr Philibert de Bruillard, chargé d'ans et en proie à des douleurs névralgiques fort pénibles, avait donné sa démission, dans les derniers mois de 1852, et l'abbé Ginoulhiac, vicaire général d'Aix, recueillait sa succession. Le nouvel évêque, sacré le 1er mai 1853 faisait son entrée solennelle à Grenoble le 7 du même mois.

A son arrivée, il observa, au sujet de la Salette un silence dicté par la prudence et le désir de mettre fin à toutes les polémiques. Il pensait que cette attitude réservée, sans contredire le jugement de son prédécesseur, contribuerait à calmer les opposants et à mettre fin à leurs attaques. Il se trompait. Les opposants interprétèrent en leur faveur le silence du prélat et semblèrent le croire disposé à recommencer totalement les enquêtes et à revenir sur les décisions de Mgr Philibert de Bruillard.

L'abbé Déléon réussit alors — non sans peine — à faire lever par Mgr Ginoulhiac la suspense dont il était frappé. Mais à peine le nouvel évêque avait-il accompli cet acte de clémence, qu'il avait lieu de s'en repentir. Les conditions qu'il avait imposées et dont les plus graves étaient totalement étrangères à la question de la Salette, étaient ouvertement violées, et le remerciement de Déléon était la publication du deuxième volume de *la Salette-Fallavaux.*

Dans cet ouvrage, il mettait en avant une hypothèse qui, à ses yeux, était une réalité; il affirmait délibérément avoir trouvé la personne qui avait « fait » l'apparition de la Salette. Ce n'était autre, d'après lui, que Mlle Constance de Saint-Ferréol de Lamerlière, personne d'une famille très honorable, très honorable elle-même, mais depuis longtemps connue par ses excentricités.

Le choix de Mlle de Lamerlière ne s'était pas présenté tout d'abord à l'esprit de Déléon. Il avait songé à charger de la responsabilité de l'apparition deux autres personnes, une bohémienne, et une pauvre folle. La première avait semblé tout à fait impropre au rôle qu'on voulait lui prêter, la seconde était morte quelques jours avant le 19 septembre bre 1846! Une plaisanterie lancée par un prêtre, d'ailleurs croyant à la Salette, fut l'occasion pour lui d'attribuer, contre toute vraisemblance, à Mlle de Lamerlière le fait de l'apparition.

En 1854 parurent deux ouvrages qui furent publiés en un seul volume : *La Salette devant le Pape* de l'abbé Déléon et le *Mémoire au Pape*, de l'abbé Cartellier. Ce dernier travail avait été envoyé manuscrit à Pie IX, et, presque immédiatement après, imprimé et jeté dans le public. Dans les deux parties de ce livre, on reprenait l'accusation contre Mlle de Lamerlière, et cela, sans autres preuves que celles qui avaient germé dans la féconde imagination de Déléon.

Mgr Ginoulhiac sortit alors de la réserve qu'il

avait gardée jusque-là. Dans un premier mandement daté du 30 septembre 1854, il condamnait *La Salette devant le Pape*, et la *Salette Fallavaux*, et dans un second, du 4 novembre 1854, il condamnait le *Mémoire au Pape*. Ce n'était pas sans avoir écrit à Pie IX, et reçu de lui une réponse où le pape flétrissait en termes très sévères l'indélicatesse du procédé de l'auteur qui soumettait au public le *Mémoire* avant même que le pape en eût pris connaissance, et où il invitait l'évêque à défendre contre les périls qui la menaçaient, la dévotion à la très sainte Vierge.

Ce deuxième mandement de Mgr Ginoulhiac est une réfutation serrée des erreurs contenues dans le *Mémoire* et, par conséquent, dans la *Salette devant la Pape* qui n'en était que le développement. L'évêque y établissait notamment que, le 18 septembre 1846, Mlle de Lamerlière se trouvait à Saint Marcellin, à 120 kilomètres de la Salette.

Cependant, cette respectable personne, se jugeant diffamée par tout le bruit qui se faisait autour de son nom, voulut citer l'évêque devant les tribunaux. Le Conseil d'État lui ayant refusé l'autorisation nécessaire, elle poursuivit MM. Déléon et Cartellier, ainsi que leur imprimeur, réclamant des dommages-intérêts.

L'affaire vint devant le tribunal civil de Grenoble le 25 avril 1855. Mlle de Lamerlière fut déboutée de sa demande sous prétexte que ses adversaires étaient de bonne foi et n'avaient pas l'intention de la diffamer.

Mlle de Lamerlière interjeta appel. La cause fut

examinée par la Cour impériale de Grenoble le 27 avril 1857. Me Jules Favre plaidait pour l'appelante. Il fut surabondamment démontré, au cours des débats, que les 18, 19 et 20 septembre, Mlle de Lamerlière était à Saint-Marcellin. La cour n'avait cependant pas à juger si les affirmations de MM. Déléon et Cartellier étaient exactes, mais si elles étaient de nature à porter atteinte à la réputation de Mlle de Lamerlière. Elle jugea que la plainte de cette dernière n'était pas fondée.

Quelque étrange que puissent paraître les considérants et les conclusions des arrêts du tribunal et de la cour, il faut bien reconnaître que le fait de la Salette n'était pas directement en question, et que ni l'un ni l'autre des deux jugements ne pouvaient l'atteindre.

C'est ce que Mgr Ginoulhiac expliquait dans sa réponse à un prêtre étranger au diocèse de Grenoble, lequel lui avait écrit pour lui faire part de ses craintes après la décision de la Cour :

« Personne ici, écrivait le prélat, ni parmi les magistrats qui ont prononcé l'arrêt récent dont on fait tant de bruit, ni parmi les gens sensés, ne croit que c'est Mlle de Lamerlière qui a fait l'apparition. Il y a eu preuve évidente, dans le cours des débats qu'il y a eu impossibilité physique que cette personne eût joué ce rôle; et, en fait, qu'elle était le 19 septembre 1846, à Saint-Marcellin, c'est-à-dire à trente lieues de la Salette. Et cependant, dans ces débats, on n'a pas tout dit. Je me charge de le faire moi-même, pour en finir avec tous ces mensonges qui ici ne trompent que les sots, mais qui, ailleurs peuvent surprendre des gens de bonne foi. Vous pouvez dire hautement, Monsieur le curé, comme le tenant de moi, que la fable Lamerlière est la fable la plus stupide, la plus grossière, et la plus ouvertement démentie par des faits certains, que des hommes haineux et de mauvaise foi aient pu imaginer, et qu'avoir recouru à cette supposition pour porter atteinte au fait de l'apparition de la sainte Vierge sur la montagne de la Salette, c'est montrer qu'il n'est aucune supposition raisonnable qu'on puisse opposer au miracle, et c'est, par là même, le confirmer. »

Ajoutons que, en 1855, un ami de M. Cartellier, l'abbé France, alors curé-archiprêtre de la Tour-du-Pin et depuis, curé de Saint-Louis de Grenoble, écrivait à celui-ci, pour l'engager à se soumettre à son évêque. Il lui disait entre autres choses : « Et comment ne vous resterait-il pas quelque doute à ce sujet, quand on vous prouve que vous avez avancé des faits matériellement faux : quand vous présentez comme vrai l'épisode Lamerlière quoique il n'ait jamais pu vous entrer dans la tête, comme vous en conveniez chez le curé de S. D. [1] en présence de plusieurs confrères [2]. »

Enfin, nous enregistrerons le désaveu de Déléon lui-même. « Ce pauvre prêtre, dit Mgr Giray [3], relevé plus tard de l'interdit qui l'avait trop juste-

1. Le manuscrit ne porte, malheureusement, que ces initiales.

2. Bibliothèque de Grenoble, Dossier Chaper, R. 8669, n 97.

3. *Les Miracles de la Salette*, t. II, p. 162, note.

ment frappé pour des motifs d'ordre moral, passa les neuf dernières années de sa longue vie (1886-1895) à *Saint-Ismier* (Isère), et M. l'abbé Jayet, curé de cette paroisse, nous écrivait le 15 octobre 1911 : « Voici les déclarations que M. l'abbé Déléon m'a faites plusieurs fois, spécialement quand nous causions de son procès avec Mlle de Lamerlière, au cours des conversations tenues au presbytère de Saint-Ismier : « Voyons, lui deman-
« dai-je, est-ce que vraiment vous avez cru que
« Mlle de Lamerlière avait été l'héroïne de la Salette,
« et que c'était elle qui avait apparu à Maximin et à
« Mélanie, le 19 septembre 1846? — Mais, non *je n'y*
« *ai jamais cru. C'est une plaisanterie* qu'on a lancée
« un jour dans un dîner à l'Albenc, et que j'ai
« recueillie dans mon journal. Alors la famille de
« Lamerlière s'est emballée et m'a intenté un procès.»

Avec le jugement de 1857 ne se termina pas la campagne des opposants, mais, l'abbé Cartellier, qui devait mourir en 1865, se tint en dehors de la lutte dont l'activité s'incarna presque uniquement en la personne de Déléon. Celui-ci publia encore quelques pamphlets aussi mauvais et aussi mensongers que les premiers, il s'attira des démentis formels de certains personnages qu'il mettait en cause sans vergogne, et puis il finit par tomber dans l'oubli, et la Salette, n'eut plus d'autres ennemis que ceux qui refusent de croire aux miracles. Quant à l'affaire Lamerlière, il n'y a plus que les feuilles impies qui y fassent encore allusion de temps en temps, mais, suivant l'expression de Mgr Ginoulhiac, il n'y a plus que les sots, qui puissent y ajouter foi.

CHAPITRE VI

Les Pèlerinages.

Ils commencèrent, pourrait-on dire, dès le surlendemain de l'apparition et se continuèrent les jours suivants. Mais ce n'étaient alors que de petits groupes, composés souvent de curieux, bien plus que de fidèles. Cependant, arrivés au Mont-sous-les-Baisses, ces pèlerins y priaient la Mère de Dieu.

Une croix avait été plantée au lieu même d'où la Belle Dame s'était élevée vers les cieux. C'est Maximin qui l'avait fait confectionner par son père, et l'avait placée le 22 octobre 1846. Mélanie devait en faire mettre une, le 8 décembre, près de la fontaine miraculeuse, à l'endroit de la conversation.

Une femme de Corps, Marie Laurent, ayant été guérie après avoir invoqué Notre-Dame de la Salette, les pénitents, qui avaient déjà fait un pèlerinage le 17 novembre, jour où fut obtenue cette faveur, voulurent y retourner le 28 en action de grâces. Il n'y eut, malgré la rigueur de la saison, pas moins de quinze cents personnes qui se joignirent à eux pour cet acte de piété.

Mais l'hiver avec ses frimas, et la neige toujours abondante sur ces sommets, allaient interrompre le pieux concours des pèlerins.

Il recommença au mois de mars suivant, quand la saison devint un peu meilleure.

LA VIERGE EN PLEURS.

Dès lors, on peut dire que de véritables foules se rendirent vers la montagne de la Salette. Ce concours eut lieu surtout pendant le mois de mai. Le 31, les pèlerins étaient au nombre de plus de dix mille.

Mais le plus illustre des personnages qui se rendirent au lieu de l'apparition en 1847 fut, sans contredit, Mgr Villecourt évêque de la Rochelle. Le pieux prélat fit l'ascension de la montagne le 20 juillet. Il causa longuement soit avec les enfants, soit avec des personnes capables de lui donner tous les renseignements qu'il pouvait désirer, notamment avec le curé et le maire de la Salette. Il publia ses impressions dans un volume auquel il donna pour titre : *Nouveau récit de l'apparition de la sainte Vierge sur les Alpes*, et qui eut deux éditions au cours de cette même année. Mgr Villecourt resta toute sa vie un dévot de Notre-Dame de la Salette.

Le mouvement des pèlerins continuant toujours avec la même intensité, à l'approche du 8 septembre, les curés des environs de la Salette demandèrent à Mgr de Bruillard l'autorisation d'accompagner leurs paroissiens sur la montagne. Le prélat accorda cette permission, et ce fut en cette circonstance que, pour la première fois, la sainte messe fut célébrée sur le lieu de l'apparition.

Tout faisait prévoir que, pour le premier anniversaire, l'affluence serait considérable. Ce jour-là devait être un dimanche, et il importait de faciliter aux pèlerins l'assistance au saint sacrifice de la messe. Mgr Bruillard permit donc, à cette occasion, la construction d'une chapelle en planches, abri modeste où l'on disposa deux autels accolés l'un à l'autre.

Dès le 18 au matin les rues de Corps étaient encombrées de pèlerins, et toute la journée arrivèrent de nouveaux groupes. Tout ce qui pouvait servir d'abri soit à Corps, soit à la Salette, était occupé. Les derniers venus, ne sachant où se réfugier prirent le parti de faire l'ascension de la montagne. Deux mille personnes y passèrent la nuit sous une pluie fine et froide, employant ces longues heures à prier et à chanter les louanges de la très sainte Vierge.

Dès les premières heures du jour, commença la célébration du saint sacrifice dans l'humble chapelle, cependant que la foule ne cessait de circuler, les uns redescendant alors que les autres ne faisaient que d'arriver.

On distribua un millier de communions, et l'on ne cessa que quand les hosties vinrent à manquer. Les messes se succédèrent jusqu'à midi et, malgré cela, un certain nombre de prêtres ne purent célébrer, faute de place.

Les évaluations les plus modérées portent à 60 000 le nombre des pèlerins qui passèrent, ce jour-là, sur la sainte Montagne; car ce fut un va-et-vient incessant et comme une procession ininterrompue au cours de toute la journée.

Vers midi, le soleil se mit à briller et dissipa les nuages. Ce fut un merveilleux spectacle que celui de cette immense foule qui garnissait les pentes du Gargas. Un prêtre qui devait, plus tard, devenir missionnaire de la Salette, prit la parole pour faire prier tout ce peuple, et, le soir venant, le vénérable

M. Gerin, curé de la cathédrale de Grenoble, adressa à son tour une exhortation à cet immense auditoire.

Cette imposante manifestation était un des plus éloquents témoignages de la croyance populaire à la réalité de l'apparition.

En 1848 le mouvement fut quelque peu ralenti par la rigueur de l'hiver d'abord, et ensuite par les événements politiques, mais il recommença en 1849, et, le jour anniversaire de l'apparition, près de 10 000 personnes se pressaient autour de la petite chapelle en planches où plus de trente messes furent célébrées. Mgr de Bruillard avait donné à M. Perrin, curé de la Salette, son frère, en qualité d'auxiliaire, pour assurer aux pèlerins les secours religieux dont ils avaient besoin.

CHAPITRE VII.

Les bergers après l'Apparition.

Le lendemain même de l'apparition, nous l'avons dit, Maximin fut ramené à Corps et rendu à sa famille. Pour Mélanie, elle resta aux Ablandins jusqu'en décembre. Vers Noël, les deux enfants furent placés chez les sœurs de la Providence, à Corps. Ces bonnes religieuses apportèrent beaucoup de dévouement à s'occuper de leur instruction et de leur éducation. Ce ne fut pas une tâche facile; elles ne réussirent, en effet, à leur apprendre assez de catéchisme pour faire leur première communion qu'au bout d'un temps assez long, puisque ces deux pauvres enfants accomplirent ensemble ce grand acte, seulement en 1848, le dimanche du bon Pasteur, 7 mai.

Bientôt, M. Mélin se mit à donner à Maximin des leçons de latin. Il ne trouva guère de consolations auprès de son élève qui, à plusieurs reprises, se livra à des escapades capables de décourager son bienveillant professeur.

L'enfant avait perdu son père en 1850. Il était, depuis cet événement, sous la tutelle d'une oncle maternel, nommé Templier. A l'occasion d'un voyage que celui-ci accomplit en compagnie de Maximin et de sa sœur dans les environs de Crémieu, eut lieu un incident assez remarquable. L'oncle et le neveu avaient rencontré à Grenoble le comte de Certeau qui leur avait payé leur voyage et les avait invités à s'arrêter chez lui à leur retour. Dans ce château où il fut accueilli avec une extrême bienveillance, Maximin eut à subir une épreuve. M. de Certeau lui offrit son château et une véritable fortune, s'il voulait lui dévoiler son secret. Maximin fut sur le point de céder, et il allait trahir la consigne sacrée si fidèlement gardée jusque-là, quand la mémoire lui fit subitement défaut, et il comprit, à cet avertissement, la faute qu'il allait commettre.

Le 21 septembre 1850, Maximin et Mélanie quittèrent Corps, pour aller, d'après l'avis de deux hommes de bien qui s'étaient déclarés leurs protecteurs, consulter le curé d'Ars. Mélanie s'arrêta à

Grenoble, et fut envoyée chez les religieuses de la Providence, à Corenc.

On sait ce qui résulta pour Maximin de sa désobéissance à son évêque. En revenant d'Ars, il resta quelque temps à Lyon, dans un pensionnat dirigé par un ecclésiastique, puis il fut ramené à Grenoble, et placé au petit séminaire du Rondeau.

En 1851, les deux enfants écrivirent leurs secrets pour les envoyer au souverain pontife. A partir de cette époque, il n'y eut plus rien de commun entre eux, et on peut dire qu'ils suivirent des routes absolument divergentes.

§ I. Maximin.

Après une année de séjour au petit séminaire du Rondeau, Maximin fut envoyé dans l'autre petit séminaire diocésain, à la Côte-Saint-André. Il revint ensuite au Rondeau, n'ayant pas remporté plus de succès d'un côté que de l'autre.

Il fut ensuite, durant trois ans, confié à M. l'abbé Champon, curé de Seyssins. Le frère de ce dernier, jésuite et professeur au grand séminaire d'Aire-sur-l'Adour l'emmena ensuite avec lui. L'expérience resta sans résultat.

Maximin se rendit ensuite à Paris, où il passa sans presque s'y arrêter, par les situations les plus diverses. Il fut, à cette époque, adopté par d'honnêtes commerçants, M. et Mme Jourdain.

En 1865, il s'engageait dans les zouaves pontificaux. Il n'y resta que six mois et revint auprès des ses protecteurs. Mais, en 1868, cédant aux sollicitations d'un industriel de Grenoble, il consentit à s'associer avec lui pour la fabrication d'une liqueur composée avec les plantes de la Salette. Il se retira ensuite à Corps avec ses parents adoptifs.

Depuis 1864, Maximin était atteint de la maladie qui devait l'emmener. Le 4 novembre 1874, comprenant que sa fin était proche, il voulut revoir encore sa chère montagne de la Salette. Il accomplit avec assez d'aisance, et par un temps splendide l'ascension de ce lieu béni. Il y fit la sainte communion, et pria longuement, but de l'eau miraculeuse, et fit de très bonne grâce aux religieuses le récit de l'apparition, qu'il répéta ensuite près de la fontaine pour quelques pèlerins.

Dès lors, son mal s'aggrava rapidement, et le 1er mars 1875, il rendait le dernier soupir, après avoir reçu le derniers sacrements avec une vive piété.

Dans son testament on peut lire cette éloquente protestation : « Je crois fermement, même au prix de mon sang, à la célèbre apparition de la très sainte Vierge sur la montagne de la Salette, le 19 septembre 1846, apparition que j'ai défendue par parole, par écrits et souffrances.

« Après ma mort, que personne ne vienne assurer ou dire qu'il m'a entendu me démentir sur le grand événement de la Salette; car, en mentant à l'univers, il se mentirait à lui-même. »

La vie agitée du berger de la Salette ne fait que mieux ressortir la constance avec laquelle il a toujours témoigné de la réalité de l'apparition. Le pauvre homme a été en butte à bien des calomnies, et il n'est pas rare d'entendre dire qu'il s'est rendu indigne de la grâce qu'il avait reçue. Un tel jugement est, non seulement trop sévère, mais véritablement injuste. Maximin n'est pas devenu un saint, c'est vrai. Il a cependant toujours été un bon chrétien, et, au point de vue de la pratique chrétienne, aurait pu servir d'exemple à bon nombre de ses détracteurs. Depuis le soir du 19 septembre 1846, il n'a jamais manqué de faire pieusement ses prières du matin et du soir. Il avait pris et a conservé toute sa vie, la bonne habitude de s'approcher chaque mois des sacrements.

Il avait, cela est indéniable, un regrettable penchant pour la boisson, mais là encore, il faut se garder de toute exagération et laisser la responsabilité de certains excès, âprement reprochés à Maximin, à ceux qui prenaient à tâche de l'enivrer pour lui arracher son secret ou quelque démenti au sujet de l'apparition; ceux-ci en ont, d'ailleurs, toujours été pour leurs frais.

Quant à la conduite morale de Maximin, elle a été constamment au-dessus de tout soupçon, et il a proclamé plus d'une fois qu'après avoir vu la Reine des Vierges, il n'avait plus, dans le cœur, de place pour des affections terrestres.

La dépouille mortelle de Maximin repose dans le cimetière de Corps où un de ses amis, M. Rey lui a fait élever un modeste monument. Son cœur a été, suivant son désir, transporté sur la sainte Montagne. Il a été placé dans la basilique, en face de celui de Mgr de Bruillard, avec le cœur d'un autre de ses amis, le comte de Peñalver, insigne bienfaiteur du sanctuaire.

§ II. Mélanie

Mélanie, entrée au couvent de la Providence à Corenc le 20 octobre 1850, prit l'habit au bout d'un an de postulat, le 10 octobre 1851, sous le nom de sœur Marie de la Croix. Son temps de noviciat expiré, Mgr Ginoulhiac refusa de l'admettre à la profession, à cause de son « attachement à son propre sens ».

En septembre 1854, un prélat romain, Mgr Newsham proposa à Mélanie d'aller avec lui en Angleterre, pour y travailler à la conversion des protestants. Elle y consentit avec joie et entra au Carmel de Darlington, d'où elle sortit en 1860, avec l'autorisation du souverain pontife, pour revenir en France. Elle se rendit alors à Marseille et entra chez les sœurs de la Compassion qui l'employèrent, dans différentes résidences, à l'instruction des petites filles pauvres.

En 1867, Mgr Petagna, évêque de Castellamare qui avait passé à Marseille les années d'exil imposées par le gouvernement italien, et avait eu l'occasion de faire la connaissance de Mélanie, la fit venir dans son diocèse. Là encore, elle se consacra à l'éducation des petites filles, mais, à la mort du prélat, elle revint en France. Elle se rendit alors à Corps pour soigner sa mère, et finit par l'emmener avec elle au Cannet de Cannes. Après la mort de sa mère, Mélanie séjourna soit en France, soit en Italie.

En 1902 et 1903, elle revint sur la sainte Montagne de la Salette, où elle fit l'édification de tous, prêtres et fidèles, par sa profonde piété, et ne cessa de redire et d'attester les enseignements qu'elle avait reçus de la très sainte Vierge.

En 1904, elle alla se fixer à Altamura, dans la terre de Bari, au sud de l'Italie, sous la protection de Mgr Cecchini, prélat de cette ville. Elle y vécut silencieuse et ignorée, dans une profonde retraite d'où elle ne sortait que pour se rendre à l'église.

Le 15 décembre comme elle n'avait pas paru, on alla aux informations et on trouva l'humble fille étendue, morte, sur le sol de sa pauvre cellule. Ses funérailles furent présidées par Mgr Cecchini, et, au bout de quelques années, ses restes furent transportés dans la chapelle de l'Orphelinat des Sœurs du divin Zèle des Cœurs de Jésus et de Marie, congrégation à la fondation de laquelle elle avait contribué.

Malgré toutes les agitations de cette existence mouvementée, Mélanie resta toujours vraiment pieuse et a toujours mené une vie exemplaire. Comme Maximin elle est demeurée jusqu'au bout très ferme dans ses affirmations relatives au fait du 19 septembre.

Et, comme le disait en 1885 à la Salette même, le jour anniversaire de l'apparition, Mgr Ginoulhiac, évêque de Grenoble, après que les enfants eurent livré à l'autorité ecclésiastique le message de la Belle Dame et leur secret, leur mission était finie. « Celle de l'Église commence! ajoutait le prélat; ils peuvent s'éloigner, se disperser dans le monde, devenir infidèles à une grande grâce reçue... Tout cela ne pourra réagir sur le miracle de l'apparition qui est certain, prouvé canoniquement, et ne sera jamais sérieusement ébranlé. »

CHAPITRE VIII

La construction du Sanctuaire.

Dans son mandement doctrinal du 19 septembre 1851, Mgr de Bruillard écrivait : « Nous venons d'acquérir le terrain favorisé de l'apparition céleste. Nous nous proposons d'y construire incessamment une église qui soit un monument de la très miséricordieuse bonté de Marie envers nous et de notre gratitude envers elle. Nous avons aussi formé le projet d'y établir un hospice pour abriter les pèlerins... »

C'est le 26 octobre 1851 que Mgr de Bruillard passa l'acte qui le rendait propriétaire du lieu de l'apparition. Par un autre contrat en date du 26 mars 1852, il rétrocéda la propriété à l'évêché de Grenoble en la personne de ses évêques.

Le 1er mai 1852, il publiait un autre mandement dans lequel il annonçait que la pose de la première pierre du futur sanctuaire aurait lieu le 25 du même mois. Craignant, vu son grand âge de ne pouvoir se rendre en personne sur la montagne, le prélat avait demandé à Mgr Chatrousse, évêque de Valence, son ancien vicaire général, de vouloir bien présider cette cérémonie.

Mais, au dernier moment, le vénérable vieillard se ravisa. Le temps était favorable, il se sentit assez vigoureux pour entreprendre ce voyage pénible et partit de Grenoble le 24 mai.

A trois heures de l'après-midi, il faisait son entrée dans le bourg de Corps, pendant que Mgr de Valence arrivait lui-même par la route de Gap.

Toute la population était sur pied. Il y avait en outre, une grande foule de pèlerins, — ils devaient se trouver vingt mille sur la sainte Montagne le lendemain. Un bon nombre d'entre eux firent l'ascension le soir même, et, comme au premier anniversaire, passèrent la nuit en plein air, malgré le froid, encore assez rigoureux dans les montagnes à cette époque de l'année.

Mgr de Bruillard était venu coucher au village de la Salette. Il en partit de bonne heure et à jeun, malgré ses quatre-vingt-sept ans, pour célébrer la sainte messe sur la montagne, et en gravit les pentes très courageusement à cheval. Il fut rejoint bientôt par Mgr Chatrousse, et les deux prélats furent accueillis par les premiers missionnaires — au nombre de trois — que l'évêque de Grenoble voulait charger du service religieux du pèlerinage.

La pose de la première pierre eut lieu solennellement malgré la pluie qui ne cessa de tomber au cours de la cérémonie. La pierre qui fut alors bénite et mise en place est celle qui sert de base à la colonne quadruple la plus rapprochée de l'abside, à gauche du chœur de l'église. Cette pierre contient des reliques de saint François de Sales et de sainte Jeanne-Françoise de Chantal.

Après l'accomplissement des rites liturgiques, Mgr Chatrousse célébra la sainte messe sur un autel dressé au centre de l'emplacement de l'édifice futur. Il donna ensuite la bénédiction du très saint sacrement.

On ne voulut point laisser Mgr de Bruillard se servir de sa monture pour descendre. La pluie avait rendu les chemins glissants et dangereux. On improvisa alors une sorte de litière, et de robustes montagnards s'offrirent à porter le vénérable prélat qui put arriver ainsi sans encombre jusqu'au presbytère de la Salette.

Le sanctuaire était dès lors fondé. Il s'agissait de continuer l'œuvre ainsi commencée. Les difficultés étaient énormes. Où trouver les ressources? Et comment transporter les matériaux nécessaires sur cette montagne d'un accès si difficile? On eut la bonne fortune de trouver, dans les flancs du Gargas la pierre qui devait servir à la construction. C'est un marbre noir, qui conserve, quand il n'a pas subi le polissage, une coloration grise. C'est la pierre la mieux appropriée à la construction d'une église qui devait avoir un caractère de grande austérité. Quand aux autres matériaux, ciment, sable, bois, il fallut les transporter à dos de mulets, le chemin carrossable n'existant pas encore.

Les ressources nécessaires pour subvenir à une telle entreprise furent fournies par la générosité publique. Mgr de Bruillard demanda le concours de ses diocésains qui répondirent largement à son appel. Et en outre, des fonds furent recueillis, pourrait-on dire, dans tout l'univers catholique et il se trouva des prêtres dévoués, un peu partout, pour se faire les interprètes de l'évêque de Grenoble et recueillir à son intention les offrandes des fidèles.

Pendant l'été de 1856, Mgr de Bruillard, à l'âge de quatre-vingt-onze ans, fit de nouveau l'ascension de la sainte Montagne. Il y resta trois jours. Il put voir, très avancée, la construction de l'église et des bâtiments destinés aux pèlerins. Il ne devait cependant pas les voir achevés. Le saint vieillard mourut, en effet, le 15 décembre 1860, et c'est seulement en 1863 que fut terminé le sanctuaire de la sainte Montagne.

L'organisation du pèlerinage devenait de jour en jour plus complète. Par plusieurs brefs successifs, Pie IX enrichissait le sanctuaire de nombreuses faveurs spirituelles et autorisait, dans le diocèse de Grenoble, la célébration de l'anniversaire de l'apparition.

Les foules qui ne cessaient d'affluer à la Salette, y trouvaient, maintenant un édifice assez vaste pour les accueillir. L'église, de style romano-byzantin, comporte trois nefs soutenues par d'élégantes colonnes de pierre, assez minces pour permettre aux regards de se porter vers l'autel de toutes les parties de l'enceinte sacrée. Elle a été agrandie en 1896. On y a ajouté dix chapelles, dans lesquelles ont trouvé place les confessionnaux disposés auparavant le long des murs latéraux. Vingt autels sont maintenant à la disposition des prêtres qui veulent célébrer la sainte messe.

On remarque particulièrement la chaire, don de la catholique Belgique inaugurée le 19 octobre 1867, et le maître-autel, don des catholiques de l'Anjou, érigé en 1866. Les orgues sont aussi dignes d'attention.

Léon XIII accorda, en 1879, à l'église de la Salette le titre et les privilèges des basiliques mineures.

CHAPITRE IX

Les Miracles.

Dans la lettre qu'il écrivait le 4 octobre 1846 à Mgr de Bruillard pour lui faire part de l'apparition du 19 septembre précédent, M. Mélin disait en terminant : « ...Mon désir bien sincère serait que le bon Dieu, dans sa miséricorde, opérât quelque nouvelle merveille pour confirmer la première. »

A ce moment-là, le vœu du bon curé avait déjà commencé à être exaucé. A Corps même, une petite fille, cousine de Maximin, Mélanie Carnal, avait été guérie par l'eau de la fontaine miraculeuse d'un mal d'yeux persistant, le 26 septembre, — et le 6 octobre, à la suite d'une neuvaine à Notre-Dame de la Salette faite avec emploi de la même eau, une autre personne Mme Aglot, malade depuis quelque temps se trouvait, elle aussi, parfaitement guérie.

Un mois et demi après, une autre personne de Corps, Marie Gaillard, femme Laurent, était guérie d'une goutte noueuse et de la paralysie en résultant, le 17 novembre, et cette guérison causait un grand émoi dans le bourg de Corps et dans toute la région.

Dieu semblait donc vouloir confirmer par des miracles les affirmations des deux enfants de la Salette, et ces premières faveurs étaient un encouragement à en demander d'autres.

L'Église, dans sa souveraine prudence, apporte toujours un soin extrême à l'étude des faits extraordinaires qui lui sont soumis, et elle ne proclame vraiment comme miracles que des faveurs où l'intervention divine ne saurait être révoquée en doute.

Or, parmi les guérisons opérées par l'invocation de Notre-Dame de la Salette ou par l'emploi de l'eau de la fontaine miraculeuse, il en est qui peuvent satisfaire aux exigences de la critique la plus rigoureuse.

Nous ne saurions, dans le cadre restreint de cet ouvrage, énumérer toutes les guérisons opérées par Notre-Dame de La Salette, mais il est nécessaire cependant de faire connaître les plus signalées, qui sont la confirmation la plus authentique de la réalité de l'apparition.

(Pour l'étude complète de cette importante question, nous ne saurions mieux faire que de renvoyer nos lecteurs au magistral ouvrage de Mgr Giray, évêque de Cahors : *Les Miracles de la Salette*, étude historique et critique, deux forts volumes in-8°, Grenoble, 1921.)

I. *Guérison d'Antoinette Bollenat, d'Avallon, diocèse de Sens. — Tumeur squirreuse de l'abdomen, 21 novembre 1847.*

D'après le certificat délivré par le docteur Gagniard, son médecin, qui la soigna de 1830 à 1847. « Antoinette Bollenat avait eu une bonne santé jusqu'à l'âge de douze ans. A cette époque, elle fut jetée par terre et accablée de coups par une femme qui, en même temps, lui appuya violemment le genou sur la poitrine et sur la région épigastrique. A partir de ce moment, elle a toujours souffert de l'estomac, et, un an après, en 1828, les vomissements commencèrent et se continuèrent avec quelques rares intermittences, jusqu'en 1843. Depuis ce temps, les vomissements n'ont point cessé, c'est-à-dire que le moindre aliment, une cuillerée de lait, de bouillon, d'eau même, était presque toujours rejetée.

« En 1840 les douleurs d'estomac devinrent intolérables au moindre contact. A peine la main effleurait-elle la peau, qu'une syncope produite par la douleur, se manifestait. Je profitai d'une de ces syncopes pour palper la région épigastrique, où je découvris alors une tumeur grosse comme un œuf de poule ; cette tumeur alla toujours en augmentant et, dans ces derniers temps, elle occupait la région épigastrique entière et tout l'hypocondre gauche. Cette tumeur n'offrait aucun des caractères d'un anévrisme, je la crus squirreuse.

« Les syncopes devenaient de plus en plus fréquentes et longues. Elles duraient de dix minutes à une, deux et même une fois trois heures, et cela au moindre contact, soit qu'on soulevât un peu la malade ou qu'on la changeât de lit, soit qu'elle eût un accès de toux un peu plus fort qu'à l'ordinaire, ou qu'elle éprouvât la moindre émotion morale...

« Les douleurs, le séjour au lit depuis trois ans, la diète absolue, avaient réduit la malade à un état de maigreur et de faiblesse extrêmes. La voix éteinte ne dépassait plus le bord de ses lèvres ;

fièvres, sueurs nocturnes, douleurs épigastriques atroces, figure hippocratique. Depuis huit jours, on n'avait pu changer la malade de lit. Je voulus palper la tumeur qui occupait la partie supérieure et latérale du ventre; mais la douleur fut si vive que je dus y renoncer, et je quittai la malade pendant la syncope en prévenant les parents que je ne pouvais plus rien faire, que tout remède était inutile et qu'il fallait laisser mourir cette pauvre fille en repos, ce qui ne pouvait tarder. Tel était l'état où se trouvait Antoinette Bollenat, le 19 novembre 1847. Je n'y retournai pas le 20; mais le 22, on vint me dire que le 21 au soir elle était guérie. »

Que s'était-il donc passé? Nous allons l'apprendre par la relation que rédigea M. Gally, curé de Saint-Martin d'Avallon, dont Antoinette Bollenat était paroissienne : « ...Enfin arriva la crise que tout le monde, et son médecin le premier, crurent devoir être la dernière. Le 11 novembre, à neuf ou dix heures du soir, on vint me chercher, son confesseur ordinaire, M. l'archiprêtre, demeurant à l'autre extrémité de la ville; je la confessai au milieu de ces alternatives de syncopes et d'horribles souffrances dont j'ai parlé plus haut. Jamais je ne l'avais vue plus mal. Depuis quelque temps elle se proposait de faire une *neuvaine à Notre-Dame de Salette.* M. l'archiprêtre s'était procuré de l'eau de la fontaine de l'apparition; il avait intéressé à elle les deux petits bergers qui devaient réciter un *Ave Maria* pendant neuf jours, à partir du dimanche 14 novembre. Ce jour devait être le premier de la neuvaine mais le vendredi 12, elle était si mal que M. l'archiprêtre, désespérant de la voir vivre jusqu'au dimanche, décida que l'on commencerait le samedi.

« Dès les premiers jours qu'elle but de l'eau, toutes les peines de l'âme cessèrent, s'évanouirent comme un songe; à ses anxiétés succéda une confiance sans bornes, un abandon total à la Providence, un grand espoir de guérison,bien qu'elle eût préféré néanmoins mourir. Depuis si longtemps elle s'était habituée à envisager la mort comme une amie!

« Cependant les douleurs corporelles n'en étaient pas moins intenses; elles furent un peu diminuées le mardi par une légère application de sangsues; mais, dès le soir même, les symptômes habituels reparurent; elle a été si faible au commencement de cette semaine, qu'elle disait à une de ses amies :

« Ma chère S..., vois mes mains, je n'ai plus la « force de les soulever! »

« Le jeudi 18 elle voulut faire une expérience. Depuis trois ou quatre ans, elle ne pouvait prendre de bouillon gras; sa seule nourriture était un peu de lait, deux ou trois cuillerées par jour, et encore les rejetait-elle souvent après les avoir prises. Du 5 au 21 novembre, pendant quinze jours, un verre d'eau fut son unique aliment. Le jeudi donc, exténuée de faiblesse, elle voulut essayer ce que ferait une cuillerée de bouillon, encore eut-elle soin de l'affaiblir en le mélangeant d'une égale quantité d'eau. Vaine précaution : le bouillon à peine introduit dans l'estomac y causa des douleurs inexprimables, et, huit heures après, elle le vomissait, bien punie de son imprudence.

« ....Le dimanche, de grand matin, comme elle devait communier.... on la transporta dans un autre lit : mais quelques précautions que l'on prît, ce ne fut pas sans lui causer d'affreuses douleurs. « Que tu m'as fait du mal ! tu m'as tuée », disait-elle à la personne qui venait de lui rendre service.

« C'était le 21 novembre, je lui portai la sainte communion le matin à 6 heures. Jamais elle n'éprouva plus de bonheur en recevant son Dieu. Néanmoins ses souffrances corporelles furent aussi vives toute la journée. A trois fois différentes, on fut obligé de venir la soulever ; elle se sentait oppressée jusqu'à la suffocation. La région épigastrique, centre de son mal, cette région si douloureuse, que le moindre contact suffisait pour la faire tomber évanouie, était encore d'une sensibilité extrême. Ayant voulu ôter le coton qui recouvrait la plaie d'un vésicatoire volant et qui la brûlait, elle fut obligée d'y renoncer, la seule pression du doigt lui causait des douleurs à lui arracher des larmes...

« A une heure et demie, elle prit pour la dernière fois de sa neuvaine, la mesure ordinaire de l'eau de la fontaine miraculeuse, je veux dire trois fois une petite cuillerée à bouche, et, après l'avoir bue, elle espéra plus que jamais ; elle annonça même une guérison, que pourtant rien encore ne semblait lui promettre.

« A deux heures, elle éprouve le besoin de manger ; elle demande, et on lui apporte, comme pour satisfaire une envie de malade, une tasse de bouillon où trempait un léger morceau de pain. Il y avait plus de quatre ans qu'elle n'avait mangé de la soupe ;

elle prend tout sans éprouver le moindre mal. Elle crut que c'était le moment de la guérison, elle essaya de se lever, vain effort! Elle recommence une seconde fois, aussi inutilement, puis une troisième. A la troisième fois, les palpitations se firent sentir; elle crut que ses horribles douleurs d'estomac allaient la reprendre. En cet instant, un doute affreux s'éleva dans son âme; « mais ce fut, disait-« elle, le passage de l'éclair; je remis ma confiance « en Dieu, et je pris la résolution d'attendre son « heure avec patience. »

« Ce moment, ce fut entre cinq heures et demie et cinq heures trois quarts. Au même instant, les palpitations, les douleurs de poitrine, tout a cessé; elle porte la main sur cette tumeur si douloureuse qu'elle n'avait pu toucher du doigt une demi-heure auparavant; elle n'éprouve plus le moindre mal : les souffrances physiques avaient disparu le dernier jour de la neuvaine, comme les souffrances morales s'étaient évanouies le premier.

« Malgré sa grande confiance en Dieu, ou plutôt, à cause de cette confiance si douce, si calme, si soumise, Antoinette Bollenat était si éloignée de l'exaltation, de l'empressement même, que tout en se sentant guérie, et bien qu'il n'y eût alors dans sa chambre que trois de ses amies intimes, elle attendit leur départ pour faire l'expérience de ses forces; seulement elle pria l'une d'elles, confidente de ses espérances de lui apporter ses vêtements. Quand elle se voit seule, elle descend de son lit, bien surprise de l'agilité de ses premiers mouvements. A peine est-elle descendue, qu'un léger étourdissement lui fait craindre d'être allée trop vite. Elle remonte pour se coucher; mais elle le fait avec tant de facilité; ses pieds si lourds depuis tant d'années, elle les sent si légers; ses genoux sont devenus si flexibles, qu'elle se dit à elle-même : « Mais s'il m'a « été si facile de remonter, combien me le sera-t-il « davantage de redescendre? » Aussitôt, la voilà descendue. Elle s'habille, et puis se jette à genoux, pour remercier l'auguste Marie d'une guérison si merveilleuse.

« Sur ces entrefaites, sa belle-sœur, Joséphine Bollenat, venait allumer le feu d'une cheminée opposée au lit de la malade, parce que c'était la coutume, chaque dimanche, de passer la soirée dans sa chambre. L'ex-malade termine sa prière; et, ne trouvant point ses souliers, les demande à sa belle-sœur. Celle-ci, qui l'avait entendu déraisonner une partie de la semaine dans des accès de fièvre, lui demande à son tour si elle bat encore la campagne? « Non » répond la malade, en s'avançant vers le feu. La belle-sœur lève la tête, et l'apercevant debout et marchant, pousse un cri d'effroi. Son mari accourt de la chambre voisine, et vient partager, sinon la frayeur, du moins la stupéfaction de sa femme.

« Pour la malade, souriant de leur surprise, elle va s'asseoir auprès du feu, leur annonce sa guérison, puis elle leur dit : « Allons! ne perdez pas de temps, apprêtez le souper, car je me sens un fort bon appétit.»

« En effet, une demi-heure après, elle était à table, entourée d'une famille aussi joyeuse qu'émerveillée de la voir manger comme l'eût fait toute autre personne jouissant de la santé la plus parfaite.

. . . .

« La nuit fut excellente. Depuis trois ans, à moins qu'on n'employât des soporifiques, elle ne dormait pas dix minutes dans ses meilleures nuits, et encore, quel sommeil! Cette première nuit et les suivantes, il fallut la réveiller le matin!

. . . .

« Voici plus de deux mois qu'Antoinette Bollenat est guérie, et sa santé est toujours excellente. »

Cette guérison merveilleuse fut l'objet d'une enquête canonique de la part de Mgr Jolly, archevêque de Sens, qui nomma une commission pour étudier le fait, et se fit adresser par l'un de ses vicaires généraux un rapport circonstancié à ce sujet.

Le 4 mars 1849, le prélat portait son jugement et déclarait « que la guérison d'Antoinette Bollenat, opérée le 21 novembre 1847, après une neuvaine à la très sainte Vierge Mère de Dieu, invoquée sous le nom de Notre-Dame de la Salette, présentait toutes les conditions et tous les caractères d'une guérison miraculeuse, et constituait un miracle de troisième ordre. »

§ II. *Guérison de l'abbé Martin, clerc minoré du Grand Séminaire de Verdun.* (*Rhumatisme articulaire, sciatique et atrophie d'une jambe raccourcie.*) *1er avril 1849.*

« Après avoir perdu mon père en 1842, et ma mère en 1843, écrit l'abbé Martin lui-même, orphelin à seize ans, je compris que la souffrance serait mon partage, et je tombai dans une mélancolie profonde, qui détermina sans doute les crises nerveuses dont j'ai beaucoup souffert depuis 1846. Au mois de janvier 1848, ces crises furent suivies de violents maux de tête, que le médecin prit pour les symptômes d'une fièvre cérébrale. Je dus quitter le séminaire, vers le milieu du mois de février, et me retirer chez M. le curé de Void, mon bienfaiteur. Je rentrais au séminaire, vers le 15 mars, sans être parfaitement guéri, pour en sortir bientôt, y revenir encore et retourner à Void, le 22 juin. A partir de cette époque, je pris de moi-même, et à fortes doses, les remèdes de M. Raspail; ils me causèrent des syncopes et achevèrent de ruiner mon tempérament. Des crampes et de vives douleurs dans les articulations succédèrent aux crises nerveuses; je les ressentis surtout dans la jambe gauche qui s'était notablement affaiblie depuis trois ans. Après un voyage forcé, en octobre 1848, j'éprouvai dans ce membre une gêne insupportable.

« Telle était ma position le 23 janvier 1849 : du 6 au 20 de ce mois, je fus saisi d'une fièvre terrible, accompagnée de nombreuses défaillances et de sueurs abondantes. Par suite d'un refroidissement, la fièvre et la sueur s'arrêtèrent subitement; dès lors, j'éprouvai dans la jambe des douleurs bien plus intenses, et je m'aperçus bientôt qu'elle était notablement réduite et comme desséchée. Retenu pendant quinze jours encore sur mon lit de souffrances par une faiblesse extrême, ne pouvant supporter aucune nourriture, je reçus souvent la visite du médecin; mais il me répugnait de lui parler de cette jambe malade. Un condisciple charitable, qui restait constamment près de moi, l'en avertit, malgré mes répugnances. Le 23 janvier, après un examen, le docteur me fit entendre que la douleur seule était cause de cette étonnante diminution, que probablement j'avais un rhumatisme; et aussitôt il ordonna des frictions. Dès le lendemain, le docteur me déclara atteint d'un rhumatisme articulaire, et, le 25 janvier, c'était à ses yeux, une sciatique très avancée et d'autant plus dangereuse que le membre était notablement atrophié. Ma peine fut grande, quand, le 26 janvier, il me fallut quitter le séminaire, pour aller réclamer de mon bienfaiteur les soins et les secours qu'il me prodiguait de si bon cœur. Le froid était extrême; pendant le voyage de Verdun à Void, j'étais comme transi, et la douleur était insupportable; il fallut me descendre de voiture, et ce ne fut qu'à grand' peine, appuyé sur le bras de mon oncle, que je pus, en vingt minutes, faire le court trajet qui me séparait de la maison où je devais fixer ma demeure. Dès le lendemain, le nouveau docteur dont je réclamai les soins, me couvrit la jambe de vésicatoires qu'il saupoudrait d'acétate de morphine, et me fit une application de sangsues. A son jugement, la sciatique était fort avancée, c'était un des cas les plus graves; et certes, du 27 janvier au 5 février, les souffrances me l'apprirent assez, ainsi qu'à tous ceux qui m'entouraient. Le docteur, à la vue de douleurs si intenses, ne put continuer seul son traitement; il me demanda la permission de consulter plusieurs confrères, et m'annonça que, si la douleur continuait, il faudrait me couvrir la jambe de ventouses, puis y passer des barres de fer rouge. Cependant, j'étais au paroxysme de la souffrance ; la sœur hospitalière affirmait n'avoir jamais vu de crises aussi violentes. C'était trop de douleur pour ma faiblesse, il fallait un terme au mal ou me préparer à la mort. C'était là le dernier mot du médecin. Mais non, Dieu ne m'appelait pas à Lui. Peu à peu, la souffrance diminua, et, vers le 10 février, je pus, avec beaucoup de peine, sans doute, me servir de crosses et faire quelques pas. Le beau temps améliora ma position, et, quinze jours s'étaient à peine écoulés, que je commençais à m'appuyer sur ma jambe, sans toutefois pouvoir m'agenouiller.

« Grande fut la surprise du médecin en me voyant en si bonne voie de guérison ; il avait dit à bon nombre de personnes que c'était fini de moi, si la douleur ne se calmait pas. Il dit une autre fois à mon oncle : « Votre neveu est un homme usé ; » il en dit tout autant à M. Legros, alors curé de Naives. Mais enfin, j'allais assez bien. Je fis connaître au docteur mon intention de rentrer au séminaire ; il me répondit d'abord par un refus, puis me laissa libre. Il consentit enfin, *par pure complaisance*, à me donner un certificat attestant que, quoique *imparfaitement guéri*, je pouvais cependant reprendre mes travaux. Il me prescrivit néanmoins certaines précautions, à l'aide desquelles seules je parviendrais à me guérir complètement de la maladie dont j'étais atteint. Je dois avouer que je ne pus tenir compte de ces recommandations. Il m'avait dit que probablement, ma jambe ne commencerait pas à reprendre de la nourriture avant un an, et que, pour la douleur, elle se dissiperait à la longue. J'écrivis donc à M. le supérieur pour l'avertir de mon prochain retour; il me fixa lui-même le 4 mars 1849, et je rentrai, en effet, le jour indiqué. Mais de nouvelles et plus terribles épreuves m'attendaient au séminaire. Dès le 7 mars, les douleurs, loin de diminuer, augmentèrent rapidement; il me fallait souvent retenir sur mes lèvres le cri de désespoir, et la pensée de Marie pouvait seule l'arrêter; je la conjurais de me rappeler vivement les souffrances de son Fils, et de me cacher dans les plaies de son cœur.

« Je revis le médecin de la maison; il le fallait. Le 10 mars, M. Lépine m'ordonna des frictions avec le baume nerval; j'obéis, mais sans confiance. En effet, le 18, je lui fis observer que ma jambe se raidissait comme une barre de fer, que je ne pouvais faire un pas sans souffrir cruellement, que la douleur remontait dans les reins et dans l'épine dorsale jusqu'à la tête. Je voulus lui faire voir ma jambe; il me dit pour toute consolation : « Il faut, mon ami, « attendre le beau temps; alors j'emploierai des « bains aromatiques alcaliques; puis, si cela ne fait « rien, nous emploierons autre chose; et après, si « cela n'opère pas... Eh bien! adieu, Monsieur! » Et, cela dit, il s'en alla.

« Cette réponse n'était guère rassurante; désormais, je ne voyais plus à qui m'adresser. Du 10 au 13 mars; j'avais fait usage du sirop de Boubée et de son liniment, en même temps que je faisais des frictions avec le baume nerval, et je ne m'aperçus nullement de l'effet de ce remède dont on vantait l'act on instantanée. Je consultai un livre de médecine sur les symptômes de ma maladie; cette lecture me fit trembler....

« Un jour, sous l'impression de mes douleurs, j'allais voir mon directeur, car il fallait de la consolation à mon âme. Je fus heureux de l'entendre m'exprimer une idée qui m'occupait depuis longtemps déjà, mais je ne voulais point prendre l'initiative; il s'agissait de conjurer le ciel d'entreprendre seul ma guérison, et de faire une neuvaine *en l'honneur de Notre-Dame de la Salette.* Dès le lendemain, 27 mars 1849, mardi de la Passion, sur le proposition d'un condisciple, j'écrivis à M. le curé de Notre-Dame-des-Victoires, à Paris, pour réclamer, en ma qualité d'affligé et de membre de l'archiconfrérie, le secours de Marie et les prières des coassociés...

« Le 1er avril, jour des Rameaux, notre neuvaine commence par l'offrande du saint sacrifice que plusieurs prêtres de la ville m'appliquèrent; de nombreuses communions furent offertes à mon intention par bien des personnes charitables des différenses communautés de Verdun qui invoquèrent *surtout Notre-Dame de la Salette.* Cependant mes souffrances étaient toujours les mêmes. Ce jour-là, comme les précédents, pour obéir à la règle, j'allai passer la récréation dans le lieu où la prenait la communauté; je marchais lentement, appuyé sur le bras d'un condisciple, à qui je dois une éternelle reconnaissance pour son dévouement à mon égard. Je me confiai plus que jamais en Marie : « Elle me

« guérira, pensai-je, et je connaîtrai ma vocation. » Le soir, vers six heures un quart, mon directeur me remit un peu d'eau de la Salette qu'il avait obtenue des Dames du Couvent de la Congrégation. C'était là ce que je demandais avec instance, ce que j'appelais mon salut, mon sauveur. « Il y en a bien peu, « ménagez-la, » me dit mon directeur. « Oh! répondis- « je, en souriant, oh! Monsieur, il n'en faut pas tant. » Je descendis avec une peine extrême au lieu de la récréation... Après un quart d'heure d'une promenade douloureuse, et qui me parut bien longue, j'éprouvais dans tout le corps, et surtout dans la jambe malade, une fatigue extraordinaire; je dus faire de grands efforts, même en m'appuyant sur la rampe, pour remonter l'escalier et arriver au couloir... Je me dirigeais vers la chapelle...

« Je ne pus y rester que cinq ou six minutes. Ce n'était pas là que Dieu m'attendait, mais bien dans cette pauvre cellule où j'avais tant souffert... Enfin, me voici devant cette petite statue de Marie, vers laquelle j'avais si souvent porté mes regards. Pressé par la confiance en Marie, je saisis son image, je tombe à genoux sans même m'en apercevoir. Depuis longtemps, il m'était impossible de plier ma jambe raidie. Alors, *saisissant mon petit flacon, je le presse sur les lèvres*, et, contemplant l'image de Marie : « O Marie! O ma bonne Mère! m'écriai-je, « oui, vous me guérirez, j'en ai l'intime confiance; « Marie, vous savez pourquoi je le désire... Si c'est « la plus grande gloire de Dieu que je souffre, *non* « *recuso laborem;* si, au contraire, c'est que je sois « guéri, je vous promets de me consacrer tout entier

« à votre culte, et de suivre de point en point ma « vocation. O ma bonne Mère, oui, je serai guéri. »

« Alors je tombai dans un anéantissement profond, ne pensant plus, n'ayant plus conscience de ma prière, j'étais comme écrasé sous le poids de l'action divine que je ne sentais pas cependant. Cet état dura environ un demi quart d'heure; puis, revenu de cet espèce d'étourdissement, sans m'apercevoir du changement qui s'est opéré en moi, je descends avec précipitation un long escalier, pour dire encore à l'élève infirmier : « Ayez bonne con« fiance, je serai guéri. » Plus tard, ce bon condisciple, qui m'avait prodigué ses soins pendant mes maladies, me racontait que ma démarche ferme, ma contenance assurée, l'avaient étrangement surpris, qu'il ne comprenait pas mes paroles, et qu'il avait ajouté assez bas : « Vous serez guéri? Mais vous l'êtes! » Je partis sans faire attention à cette parole; mais quand me trouvant au milieu des couloirs, je rencontrai un condisciple qui me saisit et s'écria : « Vous êtes guéri! » seulement alors, je m'aperçus du changement opéré en moi, je compris tout mon bonheur, et j'allai proclamant ma guérison, non comme prochaine, mais comme accomplie. Je n'étais pas loin de la chapelle où tout à l'heure je n'avais pu prier; maintenant, je m'y sentais invinciblement poussé. Pendant le quart d'heure que je passai au pied du saint autel, à genoux, sans éprouver la moindre douleur, je ne sais ce que je dis à Jésus, ni quelle prière j'adressai à cet aimable sauveur.

« L'heure du souper approchait, et je voulais

annoncer la bonne nouvelle à mes supérieurs. Je monte rapidement l'escalier qui conduit chez mon directeur; je me précipite dans sa chambre en criant : « Je suis guéri! Marie m'a guéri! » A l'instant même, je lui donne des preuves multiples de ma guérison. Mon directeur me serre dans ses bras, et aussitôt je cours chez M. le supérieur qui refusait de me croire; ce ne fut qu'au nom de *la Salette* qu'il comprit la cause de tous mes transports. Je ne sortis de chez lui que pour me rendre au réfectoire avec tant d'agilité que deux condisciples ne purent m'atteindre. Mon estomac, si délabré par tant de maladies et de souffrances, reçut sans dégoût et digéra sans peine les aliments. D'ailleurs, depuis ce moment, il ne s'est plus refusé au régime de la communauté. Au sortir du réfectoire, je suis entouré de toute la communauté qui exige de moi toutes les marques d'une guérison complète; je cours, je plie la jambe, je frappe fortement du pied la terre, et j'accède à tout ce que l'on demande de moi pendant la récréation que je passe au milieu de mes condisciples, comme si jamais je n'avais été malade. Le lendemain, jour de promenade, une marche de cinq heures ne me fait éprouver aucune gêne. Ce même jour, 2 avril, trois personnes examinent la jambe et se convainquent qu'elle a repris la vie. Depuis le jeudi saint, jour où elle a cessé de grossir, elle est restée dans le même état où elle se trouve aujourd'hui; je puis affirmer qu'elle était au moins de deux tiers plus petite que l'autre avant ma guérison...

« C'est à peine si je me ressentis de la fatigue que

l'on éprouve d'ordinaire après les longs offices de la semaine sainte. Trois jours après que je fus guéri, j'allais voir le médecin : je lui racontai les détails et je lui donnais les preuves de cette guérison instantanée; et comme il semblait vouloir l'attribuer à ses remèdes, je lui fis observer que je les avais abandonnés depuis plusieurs jours... Il finit par m'avouer qu'il ne comprenait rien à cette guérison prodigieuse...

« Malgré la contrariété des temps, la difficulté de monter et de descendre plusieurs fois chaque jour un long escalier, malgré certaines imprudences, aujourd'hui, 26 juillet 1849, j'affirme que je n'éprouve aucune douleur.

« Il ne m'appartient pas de prononcer sur la cause du changement subit qui s'est opéré en moi, je veux me borner à dire avec l'aveugle-né de l'Évangile : « *Unum scio* », je ne sais qu'une chose, c'est qu'après avoir abandonné les remèdes humains, j'ai prié, j'ai fait prier *au nom de Notre-Dame de la Salette;* c'est qu'après une courte oraison, *au moment où je tenais un petit flacon de l'eau de la Salette*, en présence d'une petite statue de Marie, je me suis trouvé guéri.

« Grand séminaire de Verdun, le 26 juillet 1849, fête de sainte Anne.

MARTIN, de Void, *cl. min.* »

Le 12 août suivant, Mgr Rossat, évêque de Verdun, déclarait *certaine et incontestable*, la guérison de l'abbé Martin, guérison *instantanée et bien soutenue;* l'évêque ajoutait « qu'il lui avait toujours paru très difficile d'expliquer une telle guérison par les seules forces de la nature, et qu'il avait vu sans surprise les élèves du grand séminaire l'attribuer unanimement à une intervention surnaturelle de la sainte Vierge. »

§ III. *Guérison de Mme Bonnet, née Bibard, de Saint-Martin-de-Ré, diocèse de La Rochelle (Myélite ou paraplégie organique), 19 septembre 1854.*

Mme Bonnet écrivait elle-même à Mlle des Brulais : « Je viens vous donner connaissance de ma *guérison miraculeuse obtenue par l'intercession de Notre-Dame de la Salette.*

« Depuis trente-huit mois et dix-neuf jours, j'étais clouée sur mon lit sans pouvoir me remuer, autrement qu'avec l'assistance de quelqu'un. Atteinte d'une affection de la moelle épinière, je ne pouvais supporter ni secousse ni bruit... J'avais perdu le mouvement des jambes... J'ai eu des crises affreuses qui m'ôtaient l'usage des bras et me rendaient aveugle pour quelque temps. A cela se joignait une fièvre qui n'a jamais cédé un seul jour... J'ai employé toute espèce de remèdes; on m'a brûlée, coupée, écorchée le long de l'épine dorsale; et le seul résultat de tout ce traitement a été de me ruiner l'estomac et de me faire horriblement souffrir. Le médecin, ne voyant rien de changé dans mon état, perdit espoir et reconnut mon *mal incurable...* Mes forces s'affaiblissaient, on fut obligé de suspendre les remèdes, et enfin de tout abandonner. Je pris alors la ferme résolution de ne plus rien faire.

LA SALETTE. — LA BASILIQUE ET L'HOTELLERIE.

« Ce fut dans ce moment que je promis de faire une neuvaine à Notre-Dame de la Salette. On commença cette neuvaine le 11 (septembre 1854). Toutes les personnes de Saint-Martin et plusieurs autres voulurent bien s'unir d'intention pour demander ma guérison. Pendant cette neuvaine, mes souffrances furent plus fortes, et la fièvre aussi... L'avant-dernier jour de la neuvaine, j'ai encore souffert davantage, et à neuf heures du soir, je disais : « Mes bons amis, je ne guérirai jamais. »

« Enfin, nous voici arrivés au 19. Je sors de la fièvre à sept heures. On m'habille, on me place dans une litière et l'on m'emporte à l'église. La sainte messe commence; je fais la sainte communion qu'on m'apporte sur mon lit. La messe est terminée, et rien en moi n'annonce que le bon Dieu ait exaucé les prières faites pour ma guérison...

« Mais il fallait partir... Plus je regardais ma Bonne Mère, plus je me sentais le désir d'aller plus près d'Elle, mesurant de l'œil la distance à franchir et voyant qu'il n'y avait que quelques pas à faire, je fis dans mon cœur cette prière : « Bonne Mère, si vous vouliez, vous pourriez me guérir... Bonne Mère, si vous vouliez me permettre d'aller jusqu'à vous, je serais bien heureuse! » — Je fis part de mon désir à l'amie qui se trouvait près de moi. Mais elle refusa de me retirer de ma litière... Trois fois je réitère ma demande, trois fois elle me refuse.. Un instant après, elle me dit : « Vous le voulez, ma pauvre amie, je ne réponds plus de rien! » — Aussitôt elle me prend dans ses bras, et pose mes pieds dans la chapelle... *Dans une seconde, le mi-*

racle s'est opéré. A l'instant même je me suis écriée : « Je suis guérie... Bonne Mère, je suis guérie ! »

« En effet, je marchais, et ma voix, qui était entièrement perdue depuis onze mois, est aussitôt revenue... Je parlais haut, je me soulevais, je me tenais assise : on ne pouvait y croire. Ce qui surtout paraissait admirable, c'est qu'aussitôt qu'on m'eut posée à terre, je fis trois pas et je me jetai à genoux. On voyait, et pourtant on craignait de se tromper. Trois fois, on me fit sortir de mon lit et recommencer, pour bien s'assurer que ce n'était point un rêve. Quant à moi, je me sentais si bien guérie que je leur disais : « Mes bons amis, si j'étais vêtue « convenablement, je m'en irais à pied. » — J'étais, en vérité, guérie, *miraculeusement guérie*... Et chacun se retire en disant : « C'est vrai, elle marche, elle parle haut, nous venons de la voir. »

« Le soir, à la clôture de la neuvaine, on devait chanter des cantiques; c'est donc moi qui ai pu les entonner, ainsi que le *Magnificat*.

« Cependant, on disait encore : « Nous sommes « sûrs que demain elle ne marchera pas. » — Ils ont été trompés; le lendemain, je me rends à l'église, à l'aide d'un bras seulement; j'entends la messe en action de grâces et je fais la sainte communion à genoux. Depuis, *je marche seule...* »

Trois mois et demi après, Mgr Villecourt, évêque de la Rochelle, portait, sur cette guérison, le jugement dont nous reproduisons le texte ci-après :

« Clément, par la miséricorde de Dieu et la grâce du Saint-Siège apostolique, évêque de la Rochelle et de Saintes, assistant au trône pontifical;

« Après avoir entendu plusieurs fois M. Dières-Montplaisir, curé doyen de la paroisse Saint-Martin (Ile de Ré), dans notre diocèse, sur la guérison subite d'une de ses paroissiennes, Mme Bonnet, atteinte, depuis plusieurs années, d'une *maladie* qui était jugée, par tout le monde, *incurable*, et qui néanmoins a été radicalement guérie *à la suite d'une neuvaine faite par la malade à Notre-Dame de la Salette;*

« Ouï le témoignage spontané et impartial de plusieurs personnages, ecclésiastiques et séculiers, hors de tout soupçon de supercherie ou d'imprudence, qui avaient vu et connu ladite dame durant sa langueur, qu'il savaient, ainsi que tant d'autres, regardée comme mortelle;

« Après avoir fait un examen attentif et sérieux du procès-verbal demandé à M. Kemmerer, docteur-médecin dans l'île de Ré, lequel avait attesté l'impuissance absolue de tous les remèdes humains à l'égard de ladite malade, dont il atteste cependant la guérison authentique et surhumaine;

« Notre conseil réuni et consulté,

« Les lumières du Saint-Esprit invoquées,

« Avons prononcé et prononçons que la guérison instantanée de ladite dame Bonnet *ne peut être attribuée qu'à une intervention surnaturelle.*

« *Et, comme cette guérison, qui s'est opérée subitement et contre toute prévision humaine, a eu lieu à la suite de la neuvaine, ci-dessus mentionnée, à Notre-Dame de la Salette, nous ne balançons pas à croire que ce fait merveilleux est dû à la protection de la Reine du ciel qui a voulu récompenser par ce nou-*

veau bienfait la confiance et la piété de sa fidèle servante, en ajoutant ce prodige à tant d'autres qui, de nos jours, sont les heureux résultats de l'intercession de Marie auprès de son Fils.

« Donné à La Rochelle, sous notre seing, le sceau de nos armes et le contreseing de notre secrétaire, le 12 janvier 1855,

† CLÉMENT, *évêque de La Rochelle et de Saintes, assistant au trône pontifical.*

Par mandement : H. THUBLIER, *secrétaire.* »

§ IV. *Guérison de Sœur Marie-François de Sales, à la Visitation Sainte-Marie de Rennes. (Hypertrophie du cœur. — 27 mars 1849.)*

Nous reproduisons le procès-verbal de l'enquête juridique :

« L'an de Notre-Seigneur 1849, le 26 du mois de juillet, nous soussigné, vicaire général de Mgr l'évêque de Rennes, supérieur du monastère de la Visitation de Sainte-Marie de la ville de Rennes, accompagné de M. l'abbé Corvaisier, aumônier dudit monastère, nous nous sommes transporté au grand parloir de la communauté où nous avons trouvé réunies : la Mère supérieure, ma sœur l'assistante, ma sœur l'infirmière et mes sœurs Marie de Chantal, Louise-Françoise-Stéphanie de Gonzague et Marie-François de Sales, lesquelles nous ont présenté :

« 1° Un certificat délivré par MM. Bruté, père et fils, *docteurs-médecins*, contenant ce qui suit :

« Nous soussignés docteurs-médecins, avons été appelés à donner des soins à Mme Marie-François de Sales, religieuse de la Visitation. Cette religieuse était affectée depuis plusieurs années d'une *hypertrophie du cœur avec lésion des valvules*. Une voussure énorme s'étendait depuis la clavicule jusqu'à la dernière côte.

« A son arrivée de Paris — où elle avait fait profession, au premier monastère de la Visitation — à Rennes, Mme Marie-François de Sales sentit le mal faire des progrès. Les crises de suffocation qui existaient depuis longtemps, augmentèrent et finirent par ne plus lui permettre de prendre la position horizontale. La déformation des côtes devint énorme, le cœur semblait prêt à s'ouvrir un passage et tout l'arbre artériel gauche commença à s'hypertrophier .

« M. Bretonneau, si habile praticien, reconnut l'existence du mal que nous signalons. Son diagnostic fut celui que nous venons de tracer. Les jambes enflèrent, elles devinrent rouges et s'excorièrent. Le gonflement remontait au-dessus des genoux. Cent dix nuits et cent dix jours furent passés par la malade dans la position assise dans un fauteuil.

« Tous les moyens auxquels la médecine a recours en pareille circonstance furent inutilement employés; moxas, cautères, ventouses ne purent s'opposer aux progrès rapides de cette horrible maladie qui fut abandonnée à elle-même pendant quelques jours.

« Mme François de Sales désirait qu'on fît une neuvaine. Les accidents allèrent en augmentant, et la malade arriva en quelques jours au dernier degré de l'agonie; une sueur froide ruisselait sur le visage; les pupilles immobiles étaient insensibles au contact de la lumière, et les personnes qui l'entouraient s'apprêtaient à recevoir son dernier soupir, lorsque instantanément, elle demanda à boire, prit sans difficulté la boisson qu'on lui offrit, et demanda un potage qui lui fut donné. Les jambes désenflèrent immédiatement; elle dormit à merveille la nuit suivante; et lorsque nous arrivâmes le lendemain, nous ne trouvâmes plus aucune trace de la maladie. Les jambes avaient repris leur volume et leur coloration normale. La voussure et la déformation des côtes avaient disparu. Les bruits du cœur ne présentaient plus la plus légère nuance anormale. Mme François de Sales marchait; elle montait deux rampes d'escalier sans qu'on pût percevoir la moindre exagération dans l'impulsion du cœur. L'appétit était bon, la digestion facile, et à partir de ce moment, Mme Marie François de Sales put prendre la position horizontale au lit et dormir d'un sommeil parfait.

« Depuis trois mois, époque à laquelle ce changement a eu lieu, sa santé n'a pas cessé d'être parfaite. Mme Marie-François de Sales est peut-être la plus forte parmi les personnes qui composent la communauté, et nous n'avons plus de cette horrible maladie que le souvenir.

« Le présent procès-verbal a été fait et attesté par nous, trois mois après la maladie, ce 3 juillet 1849.

Signé : Bruté, père, d. m.

Bruté, fils, d. m. »

« 2° *Une relation de la maladie et de la guérison* de ma sœur Marie-François de Sales, rédigée, partie par elle-même, partie par ma sœur Marie-Pauline, infirmière, laquelle contient ce qui suit :

« Au commencement du mois de mars, le médecin qui avait toujours dit que mon mal était sans remède, voyant qu'il s'aggravait encore, instruisit ma famille de mon état désespéré. Ma sœur aînée fit alors demander *à M. le curé de la Salette une neuvaine de messes*, et m'envoya de l'*eau miraculeuse de ce pèlerinage*, me priant d'en boire et de m'unir à la neuvaine. J'eus de la peine à m'y décider, à cause du désir ardent que j'avais de mourir; enfin, déterminée par l'obéissance, j'y consentis, et cette neuvaine fut commencée à la Salette le 21 de ce mois; ma famille et trois de nos chers monastères voulurent bien s'y unir. Depuis le 11 du même mois, mes crises étaient devenues beaucoup plus fréquentes. Jusqu'au 26, je ne fus pas, le jour, plus d'une demi-heure sans crise, et j'en avais encore plusieurs la nuit, temps où livrée à une continuelle insomnie, j'avais ordinairement une fièvre très forte. M'assoupir était pire encore, le moindre mouvement m'éveillant avec de violentes douleurs. Mon cœur, en battant, me déchirait tout le côté, où il me semblait avoir intérieurement des plaies vives; et lorsque, se dilatant, il cessait de battre, j'étais étouffée. Alors une goutte d'eau m'aurait suffoquée, et je ne pouvais même avaler ma salive. De grands maux de tête, un profond dégoût de tout ce qui est nourriture, une faiblesse qui me faisait vivement appréhender mes crises : en un mot, un état de souffrance que je ne puis exprimer me faisait attendre à chaque instant mon dernier moment. M. Bruté père, qui venait alors tous les jours, m'avoua depuis qu'il s'était toujours hâté de quitter l'infirmerie, de peur de me voir passer devant lui. La difformité de mon côté gauche était telle que l'une de nos sœurs me dit : « Cela fait mal à voir. » Je ne puis rendre compte de mon agonie, ayant été sans connaissance.

C'est à présent ma sœur l'infirmière qui parle : « Le 26 mars, à six heures et demie du soir, sœur Marie-François de Sales eut une crise qui parut devoir être la dernière. C'était le sixième jour de la neuvaine. Le délire, les yeux fixes et tous les symptômes qui accompagnent une mort prochaine se manifestèrent. On avertit M. l'aumônier qui se hâta de donner à la malade l'extrême-onction et l'indulgence de la mort. Après la cérémonie, nos sœurs se retirèrent à regret, pensant ne plus revoir leur sœur, dont la mort parut si certaine qu'on prépara tout ce qui était nécessaire pour l'ensevelir. Notre mère supérieure et trois autres sœurs, veillèrent avec moi autour d'elle. Son agitation devint grande et, au milieu de la nuit, nous vîmes son visage couvert de la sueur de la mort. En l'essuyant, je m'aperçus que sa figure était glacée. Notre mère mit la lumière devant les yeux de la malade qui ne la distingua pas. Les yeux étaient totalement vitrés. Ce regard fixe avait quelque chose d'effrayant. Nous allumâmes le cierge bénit, et nous fîmes toutes la recommandation de l'âme. Notre chère sœur eut ensuite une faiblesse qui rendit nos craintes encore plus vives. Au bout de quelques minutes, la respiration revint, et la malade tomba dans une espèce d'assoupissement qui était un signe d'autant plus mauvais que le pouls, devenu tout à fait intermittent, était quelquefois plusieurs minutes sans battre, et remontait considérablement; vers le matin, un redoublement de fièvre lui rendit un peu plus de force. Le médecin vint, elle ne le reconnut pas, les yeux demeurant vitrés et le délire continuant. Il dit qu'on ne pouvait répondre de cinq minutes d'existence; mais qu'assurément notre chère sœur ne passerait pas la journée. On ne put, pendant les vingt-deux heures de son agonie, lui faire avaler une seule goutte d'eau; tout coulait de sa bouche comme aux agonisants; *nous nous contentions de mettre sur ses lèvres l'eau de la Salette.*

« Cependant elle désirait avec ardeur le saint viatique, et retrouvait toujours sa raison lorsqu'on lui parlait de Dieu. Le médecin dit qu'il fallait essayer de lui faire avaler du pain à cacheter; ce qui ayant réussi, on se pressa de procurer à la malade la consolation qu'elle souhaitait si vivement. (Elle avait reçu le saint viatique trois jours avant.)

« Sa fièvre étant tombée, le pouls redevint ce qu'il avait été pendant la nuit, et marqua, joint à la décoloration du visage, un total affaiblissement. Vers les quatre heures du soir, M. notre aumônier apporta le saint viatique; notre chère sœur entrait dans la vingt-deuxième heure de son agonie.

« Elle peut à présent, rendre compte de ce qui se passa en elle. « Lorsqu'on m'apporta Notre-Seigneur je ne vis ni le prêtre, ni nos sœurs, ni les lumières. Je savais seulement que j'allais communier. Dès que j'eus reçu le saint viatique, je connus mon mal et sentis mon état. Mon corps était brûlé par la souffrance. Je compris que je venais d'être bien proche de la mort, et je le dis à notre mère supérieure. Notre-Seigneur, après m'avoir montré l'état duquel il me tirait, me dit intérieurement : C'est moi qui peux et qui veux te guérir. Je lui dis : *Fiat!* et n'aurais pu lui répondre autre chose, n'ayant d'autre sentiment que de le laisser faire. Dès que Notre-Seigneur m'eut dit cette parole, il se fit un grand travail dans tout mon côté gauche; mon cœur sembla comme se retourner et reprendre sa place, mais avec un mouvement si violent que j'eus même peur. Voyant cependant que ce n'était suivi d'aucune souffrance, et qu'un bien-être général se répandait dans tout mon être, je compris que j'étais guérie. Je l'étais effectivement et entièrement. Je n'avais pas plus envie de communiquer cette faveur que je ne l'avais désirée. Cependant, après une demi-heure ou trois quarts d'heure d'action de grâces, je le dis à notre mère supérieure; d'ailleurs, les traits de mon visage parlèrent pour moi, ils étaient tout à fait remis. Je demandai à boire, et je bus sans aucune difficulté. On m'offrit à manger, j'acceptai une soupe que je pris avec grand plaisir. Je marchai ce soir-là même. Mes jambes, jusqu'alors si enflées, surtout vers le pied gauche, qui était même fort malade, étaient revenues dans leur état ordinaire ainsi que mon côté.

« Le cautère que j'avais sur le cœur se guérit. Je dormis très bien toute la nuit. A cinq heures du matin, je déjeunai avec des huîtres et une tasse de café. Le médecin qui vint à six heures, frappé d'étonnement de ne pas me trouver morte, et de l'état dans lequel il me voyait, m'examine avec le plus grand soin et me dit : « Madame, vous êtes pour moi « une personne revenue de l'autre monde. » Depuis ce moment, je peux monter et descendre les escaliers, ce que je n'avais pas pu faire depuis plus de dix mois; me coucher, n'importe sur quel côté. J'agis aussi bien du bras gauche que du bras droit. Enfin, je suis dans un état de santé parfaite qui me permet de suivre en tout la communauté.

« Gloire à Dieu, gloire à Marie ! »

« Lecture faite de ces deux pièces, nous avons demandé à ma sœur Marie-François de Sales si elle avait à ajouter quelque chose à la relation qu'elle avait faite de sa maladie et de sa guérison; ce à quoi elle a répondu : qu'elle regardait comme chose très certaine qu'elle devait sa guérison à l'intercession toute spéciale de la très sainte Vierge; ce dont elle était d'autant plus persuadée qu'elle n'éprouvait aucun ressentiment de son affreuse maladie, et que même elle était capable de s'acquitter de l'office du chœur, ce qu'elle n'avait pu faire avec tant soit peu de suite, depuis plus de douze ans.

« Nous avons ensuite interrogé ma sœur Marie-Pauline, infirmière, laquelle nous a dit persévérer dans ce qu'elle avait avancé dans la relation de la maladie et de la guérison de sœur Marie-François de Sales; laquelle a même ajouté que cette guérison lui avait paru tellement prodigieuse et miraculeuse qu'elle n'avait pas eu besoin, pour y ajouter foi, de voir pendant plusieurs jours la continuation du parfait rétablissement de la malade. Ayant ensuite interrogé la mère supérieure et les autres sœurs présentes, elles nous ont toutes déclaré qu'elles partageaient, comme témoins oculaires, les convictions de mes sœurs Marie-Pauline et Marie-François de Sales. Nous avons ensuite interrogé M. l'abbé Corvaisier, lequel nous a dit : qu'il ne doutait nullement de l'état agonisant de sœur Marie-François de Sales, le 27 mars, présente année, jour où il administra le saint viatique, et que durant vingt-trois ans de l'exercice du saint ministère, il n'avait jamais vu un état semblable sans qu'il fût suivi d'une mort prochaine.

« Nous déclarons nous-même avoir été témoin plusieurs fois de crises éprouvées par la malade, et qui nous semblent ne pouvoir *naturellement* être suivies d'une guérison instantanée.

« Toutes ces dépositions reçues :

« Vu le certificat de MM. Bruté qui attestent :

« 1° Que la guérison de ma sœur Marie-François de Sales ne peut être l'effet des remèdes qui avaient été *inutilement* employés ;

« 2° Que la malade était réduite à une véritable agonie ;

« 3° Qu'on avait cessé l'emploi de tout remède ;

« 4° Que la guérison avait été instantanée ;

« 5° Que la guérison persévère depuis quatre mois ;

« Vu la relation faite par la malade elle-même ;

« Vu la déposition des religieuses qui ont eu des rapports habituels avec la malade ;

« Vu la déposition de M. l'abbé Corvaisier;

« Nous avons jugé que la guérison de sœur Marie-François de Sales avait été opérée d'une manière tout à fait extraordinaire, et en dehors des lois physiologiques et pathologiques, et nous avons permis en conséquence à la mère supérieure de donner connaissance des faits ci-dessus relatés, et même de délivrer copie du présent procès-verbal aux personnes intéressées à le connaître.

« Fait au parloir de la Visitation, les jour et an que dessus.

« Suivent sur l'original les signatures de :

« MM. Frain, vicaire général, supérieur; l'abbé Corvaisier, aumônier de la Visitation; Bruté, père; Bruté, fils; sœurs Marie-Thérèse, supérieure; Marie-Élisabeth Bossi, assistante; Marie-Pauline, infirmière; Marie de Chantal, Marie-François de Sales, Louise-Françoise, Stéphanie de Gonzague.

« Le présent procès-verbal vu et approuvé par nous, évêque de Rennes, 2 août 1849.

(L. S.)

« † G. *évêque de Rennes.* »

§ V. *Guérison de Mme Bodet, de la Tessoualle, diocèse d'Angers. (Paralysie presque générale et permanente, avec lésion du cerveau.* — 8 août 1854.)

Nous citons ici le rapport du docteur Mocquereau, médecin de la malade :

« Le 23 novembre 1851, la femme Bodet, de la Tessoualle, près Cholet, fut prise d'une douleur violente au côté droit de la tête, douleur ayant d'abord le caractère d'une névralgie, et qui, résistant au traitement méthodique de trois médecins appelés successivement, mais en vain, pour la guérir, dura des mois, des années, fut bientôt accompagnée de fièvre et d'un retentissement intolérable à l'estomac et dans les membres, et fut suivie enfin, au bout d'un certain temps, d'une paralysie de l'œil droit, puis du bras gauche et de la jambe du même côté.

« Ce fut vers le sixième mois seulement qu'on put voir les membres de la malade s'affaiblir graduellement, si bien que, dans ces derniers temps, l'œil, chez elle, ne distinguait plus les objets qu'à une vive lumière et par masses informes; le bras ne se mouvait plus qu'avec peine, et la main ne saisissait les objets que pour les laisser glisser et lui échapper. Quant à la jambe, elle était traînante : la malade ne la jetait qu'avec peine devant elle, et ne pouvait, depuis dix-huit mois, parcourir sa maison qu'en se traînant d'un meuble à l'autre, au moyen de béquilles, et presque jamais sans le secours d'une main étrangère.

« Prise de temps en temps de convulsions effroyables qui se rapprochaient de plus en plus, la femme Bodet, dans ces moments, se débattait sur son lit avec des contractions affreuses, le visage vultueux, la tête congestionnée. Elle ne sortait de ces crises que pour se retrouver dans l'état que nous venons de décrire, c'est-à-dire avec une paralysie permanente, sans diminution aucune, et qui persista ainsi, même pendant les deux mois d'un mieux marqué le seul qui apparût au cours de la maladie. Nous devons ajouter que, même alors, les membres étaient agités d'un mouvement perpétuel, que les yeux, frappés de strabisme, roulaient continuellement dans leur orbite d'une façon que nous défions qui que ce soit d'imiter, et jetaient un éclat sinistre inspirant d'abord l'effroi à tous ceux qui approchaient de la malade. Nous ne pouvons mieux exprimer l'état dans lequel elle se trouvait souvent qu'en le comparant à celui de l'enfance.

« Nous n'entreprendrons pas de détailler le traitement qui échoua contre cette cruelle maladie. Nous dirons seulement, pour donner une idée de l'impuissance ici de la médecine, que, sans compter les médicaments sans nombre que la malade absorba, les pommades et les liniments dont il lui fallut se frictionner la tête, elle dut supporter je ne sais combien de saignées, l'application de dix-huit vésicatoires, celle de deux cautères, l'un à la jambe, l'autre à la tempe, et qu'enfin, depuis quatre mois elle portait sur le cou un séton qui, comme tout le reste, sans diminuer la maladie, ne fit qu'augmenter les souffrances.

« Nous laissons à chaque médecin le soin d'apprécier le genre d'affection qu'avait cette femme. Pour nous, il nous est impossible de ne pas croire que les désordres que nous venons d'énumérer ne dépendissent pas d'une lésion profonde du cerveau ou des parties osseuses qui l'environnent. Nous l'avouerons, plus d'une fois nous jugeâmes cette lésion incurable, et jamais nous n'eûmes la pensée qu'elle dût se guérir autrement que progressivement et au bout d'un temps dont il nous était impossible de préciser la durée.

« Tel fut l'état de la femme Bodet depuis le 23 novembre 1851 jusqu'au 31 juillet 1854. Ce jour-là, à dix heures du soir, elle fut prise de convulsions plus terribles que celles qu'on lui avait vues, d'efforts continuels de vomissements, de hoquets... Tout son corps était convulsé, sa peau froide et suante, son pouls vif et irrégulier. La connaissance était nulle ; sa langue embarrassée ne lui permettait plus de faire rien comprendre. Des douleurs vives, s'étendant des membres paralysés aux membres sains, firent craindre que ces derniers perdissent le mouvement comme les autres. Les paupières étaient fortement pressées et ne permettaient qu'à peine de les entr'ouvrir. Cet état persista jusqu'au jeudi 3 août, époque où la malade sembla reprendre quelque connaissance. Les membres tombèrent alors dans une résolution telle qu'il était presque permis de croire à une paralysie générale.

« Dans ces derniers temps, j'ai visité la malade deux fois, et, je le dis hautement, j'ai désespéré de sa vie. Une troisième fois, voulant aller la voir j'entendis crier dans le quartier qu'elle se mourait. Je savais que son agonie était sonnée, et que tous les apprêts de sa mort étaient faits. Quel fut donc mon étonnement quand le mercredi 9 août suivant, j'entendis parler d'une guérison complète et instantanée. Je courus chez elle, et je trouvai, en effet, la femme Bodet assise. Elle se mit à me sourire en m'apercevant, se leva, vint à moi, me tendit la main autrefois paralysée et me dit qu'elle était guérie.

« Guérie! lui dis-je, est-ce bien possible? et ces douleurs atroces que vous ressentiez dans la tête? — Je ne les ressens plus. — Et celles de l'estomac? — Pas davantage. — Mais ces bras et cette jambe qui ne pouvaient vous servir? — Ils sont aussi forts que mes autres membres, et, ce qui vous surprendra davantage, c'est que ce séton que vous m'avez placé sur le cou, il y a quatre mois, ce cautère qui était à ma jambe, ne sont plus. Tout ce que j'avais de mal sur mon corps a été guéri en quelques minutes. Je ne souffre pas plus, ajouta-t-elle, que si je n'avais jamais été malade. »

« Aussitôt je m'assurai de ces derniers faits qu'elle me signalait, et je trouvai que le linge du séton, qui traversait encore la peau et qui eût dû, comme par le passé, y appeler la suppuration ordinaire, était complètement sec et couvert d'un durci de la veille.

« Que s'était-il passé? Voici ce que me raconta la malade et les témoins qui étaient présents au fait mémorable qui venait de s'accomplir : Le mardi matin, 8 août, vers dix heures et demie, après que dans la nuit même on avait cru la malade morte et que, pour s'en assurer, les veilleuses avaient posé sur sa bouche une glace pour voir si elle respirait encore, deux personnes dont le zèle est bien connu des malades de la Tessoualle, Élisabeth Pinau et Marie Macé, vinrent pour changer le séton de la pauvre martyre, au défaut de l'une de leurs amies, malade en ce moment, qui d'ordinaire remplissait cet office. Elles se rappelaient qu'avant de tomber dans ce dernier état, la femme Bodet avait recommandé de faire ce pansement, quelle que fût l'extrémité où elle se trouverait. Ce devoir fut rempli avec la plus grande difficulté. Ce séton, nous le faisons remarquer, était tout arrosé d'un pus humide et récent. Trois personnes avaient la plus grande peine à soutenir le corps défaillant de cette mourante qui se laissait retomber de tout son poids.

« Les deux personnes en question allaient se retirer, quand l'une d'elles, Élisabeth Pinau, jetant un dernier regard sur cette femme, qu'elle comptait ne plus revoir, se rapprocha d'elle et lui dit : « Oh! je vous en prie, offrez donc vos souffrances à Dieu; elles vous seront d'un si grand mérite! » Puis, une idée subite lui vint à l'esprit. Elle avait lu quelques jours auparavant un *livre sur la Salette.* Tous les faits qui y sont relatés ne sortaient pas de sa pensée; ils la poursuivaient sans cesse. Un cantique même qu'elle y avait lu revenait continuellement à sa bouche avec son refrain.

« Eh quoi! dit-elle au mari présent, vous n'avez « donc jamais, pour guérir votre femme, employé « *l'eau de la Salette?* — Ah! votre eau de la Salette, « nous lui en avons quelquefois arrosé les paupières, « et en va-t-elle mieux pour cela? — Cela m'étonne, « répéta l'autre compagne, pleine d'une ferme con« fiance; j'ai pourtant ouï-dire que des malades qui « ne voyaient plus avaient été guéris par cette eau « miraculeuse. » Et la malade, comprenant encore ces dernières paroles, parut se ranimer par un dernier effort, et au moyen de sons mal articulés et d'une main qu'elle traînait sur sa vue elle fit comprendre qu'on devait lui en introduire au dedans des paupières. On se rapprocha d'elle. Je le répète, il était dix heures et demie lorsque ces pieuses filles étaient entrées dans la maison de la femme Bodet, et une demi-heure après, la malade était guérie et s'était rendue à l'église.

« On l'engagea à mettre sa confiance en Dieu; on introduisit avec la plus grande peine l'eau salutaire dans l'œil droit, ensuite dans l'œil gauche. Ici la malade fit un signe de croix. On lui mit après de l'eau dans la bouche; aussitôt l'œil gauche s'ouvrit. La patiente s'écria d'une voix perçante, mais embarrassée : « Marie, ô Marie, je vois! » On lui couvrit cet œil, on lui demanda si elle voyait encore. « Non, dit-elle, mais de celui-là (l'œil paralysé), je ne « voyais pas d'avance. — N'as-tu point de *médaille « de la Salette sur toi?* — Non. » Et comme en se préparait à lui en donner une, tout à coup, l'œil vraiment paralysé depuis dix-huit mois s'ouvrit, et la malade s'écria une nouvelle fois : « Oh! mon Dieu! mon Dieu! je vois... Oh! croyez... oui, croyez... » Et elle ne put en dire davantage. Hors d'eux-mêmes, les témoins, frappés de ce premier fait vraiment surnaturel, se précipitent vers la porte, et, criant au miracle, attirent quatre personnes du voisinage : Marie Vignon, Modeste Grégoire, Alphonsine Guérin et Émilie Grégoire, qui viennent en toute hâte et entendent la paralytique dire : « O mon Dieu! comme cela me presse les jambes! »

« Elle s'assied aussitôt, fixe sur ces personnes des yeux hagards qui peu à peu se calment, perdent tout signe de maladie et reprennent une expression naturelle. Bientôt, sur l'invitation qui lui est faite par son mari, elle agite ses membres, libres enfin, et seule, se jetant en place, c'est le mot, marche, en criant à ceux qui s'avançaient pour la soutenir et lui disaient : « Tu vas tomber, tu vas tomber! — « Laissez-moi, laissez-moi, je suis guérie! »

« Comment s'étonner si, dans ce moment de trouble impossible à décrire, une voix s'écria : « Le « miracle s'opère! » Ne s'était-il pas opéré, en effet! La malade paralysée depuis deux ans n'avait-elle pas marché? On la couvrait de vêtements pendant qu'elle se tenait debout sans soutien; on enlevait de sa tête les bandages qui l'enveloppaient depuis tant de temps, et, après avoir fait une prière, s'avançant au travers des rues de la Tessoualle, entourée de la foule qui ne pouvait en croire sa vue, elle marchait, tenant sa plus jeune enfant par la main vers l'église où elle allait remercier Celui qui lui avait rendu la guérison et la vie. Quelle ne fut pas la surprise de l'excellent pasteur qui avait porté ses soins à la malade! Quelle ne fut pas sa joie! La foule ne pouvait retenir ses larmes. Nous devons ajouter que la malade, quitte de ce devoir, alla aussitôt, en faisant un assez long détour, remercier la personne qui se chargeait d'habitude de panser ses plaies et qui, dans ce moment, nous l'avons dit, était malade elle-même. Elle le fit sans fatigue. Le reste du jour, elle reçut au moins deux cents visiteurs auxquels elle raconta avec calme sa guérison miraculeuse, et cela sans effort et sans lassitude aucune. Le lendemain, mercredi, elle vaquait déjà aux soins de sa maison. Le jeudi elle partait à pied, suivie de quarante personnes et faisait à la chapelle de la Salette de Saint-Laurent, un voyage qu'elle avait promis au moment où elle recouvrait la parole, parcourant ainsi un trajet de plus de deux lieues sans fatigue. Enfin, aujourd'hui, vendredi, nous entretenons cette femme pendant deux heures, lui trouvant la mémoire aussi sûre, aussi fidèle qu'il puisse se faire, et nous parlant avec la même facilité que si elle n'eût jamais été victime de la maladie que nous venons de décrire.

Fait à la Tessoualle, ce 11 août 1854. »

A la suite de ce fait, Mgr l'évêque d'Angers ordonna une enquête dont il transmettait les résultats à l'évêque de Grenoble le 17 novembre 1854.

§ VI. *Guérison de Marguerite Guillot, de Lyon, devenue Mère Marguerite du Saint-Sacrement. (Fièvre muqueuse aggravée d'autres complications. — 8 septembre 1848).*

Nous citerons, avec le récit de la miraculée, un attestation du vénérable P. Eymard, alors mariste, et, plus tard, fondateur des deux congrégations des Prêtres et des Servantes du Très Saint-Sacrement.

1° *Récit de Mlle Guillot.* — « Je soussignée, Marguerite Guillot, de Lyon, place Bellecour, 9, atteste qu'en 1838, j'étais atteinte d'une maladie du bas-ventre, d'une fièvre muqueuse et de douleurs aiguës à l'épine dorsale, qui jusqu'en 1845 m'avaient rendue comme infirme, ne pouvant rester qu'au lit ou sur une chaise longue. Je souffrais constamment et j'éprouvais des douleurs continues qui ont duré jusqu'en 1848. Il est vrai que durant les trois dernières années, de 1845 à 1848, je pouvais agir et faire des courses d'un quart-d'heure à vingt minutes, lorsque le 30 mai de cette année, à la suite de fatigues et de malaises négligés, je revins à mon premier état et fus obligée de m'aliter avec palpitations de cœur très fortes, douleurs de cœur violentes, du bas-ventre, des reins, du côté droit, d'estomac et de tête, ce qui occasionna une fièvre continue avec redoublement, qui avait lieu deux fois par jour. Tous les efforts du médecin ont été infructueux. Les accès redoublant avec une telle force, le médecin jugea, vers la fin d'août, que je pouvais y succomber, qu'il fallait me faire administrer : ce qui eut lieu le 30 août.

« L'on me proposa alors de *faire une neuvaine à Notre-Dame de la Salette, et de faire usage de l'eau de la fontaine miraculeuse pour demander ma guérison.* J'avoue que malgré ma confiance en la sainte Vierge et à l'eau privilégiée, je répugnais extrêmement de demander la cessation de mes douleurs. J'y acquiesçai par obéissance.

« Pour me rendre aussi au désir empressé de ma famille, je promis, si j'obtenais ma guérison, de faire au plus tôt le voyage de la Salette et de porter moi-même un petit tribut de reconnaissance à la sainte Vierge.

« Le lendemain 31 août, commença la neuvaine pendant laquelle on récita tous les jours le chapelet et fit célébrer le saint sacrifice de la messe. A l'heure de la première messe, sortant d'un premier accès de fièvre, j'éprouvai une défaillance telle que l'on crut que j'allais expirer, et je restai sans connaissance pendant une demi-heure. Ensuite, je revins comme d'un sommeil et me sentis soulagée; ce qui ne dura pas; car chaque jour de la neuvaine, je semblais souffrir davantage après avoir bu de l'eau de la Salette et m'en être appliqué sur les parties malades. Les douleurs n'avaient pas d'interruption et les accès de fièvre étaient très forts.

« Le 7 septembre, veille de la fin de la neuvaine, ils durèrent douze heures. Ce jour-là, le médecin fut déconcerté à sa seconde visite et avoua en partant l'inutilité de ses efforts.

« Le 8 septembre au matin, fête de la Nativité de la sainte Vierge, à l'heure précise où se célébrait la dernière messe, je sens mes forces se ranimer, je me lève, m'habille seule, fais ma prière à genoux aux pieds de Marie, et lui témoigne ma reconnaissance; après quoi, je marche et fais une centaine de pas, ne sentant rien, absolument rien.

« Quelle ne fut pas la surprise et la joie de mes sœurs revenant de la messe à laquelle elles avaient assisté et pendant laquelle j'avais témoigné le désir de rester seule! Je voulais sortir pour aller faire la sainte communion à l'église, on s'y opposa; je me soumis d'autant mieux que cela entrait dans mes vues, en ne demandant pas une guérison d'éclat.

« Quelques instants après *le médecin* vient à son heure ordinaire. Quel fut son étonnement en me voyant ainsi debout! Il resta stupéfait, *avoua qu'il y avait du surnaturel et dit que c'était l'ouvrage seul de la sainte Vierge.*

« Dès ce moment, tous les symptômes de la maladie ont disparu.

« Le 9 octobre fut le jour désigné pour aller à la

Salette accomplir mon vœu. Le 12, aidée d'une monture, je me suis rendue à la sainte Montagne, où, après avoir bu de l'eau de la fontaine et déposé aux pieds de Marie mes actions de grâces, je descendis à pied; et dès lors le peu de faiblesse qui m'était resté a entièrement disparu. Ce voyage, quoique long et bien pénible, ne m'a occaesionné ni douleur, ni fatigue. Avant cette maladie, je ne pouvais supporter la moindre course en voiture sans éprouver de grandes souffrances. Depuis, je travaille, je marche, je mange, je repose et suis pleine de santé; je puis dire avec vérité que *j'ai reçu une autre vie*, que je vis avec un autre corps, ce semble.

« Gloire donc à Marie! elle m'a obtenu une faveur dont je ressens tout le prix.

« Puisse-t-elle mettre le comble à ses faveurs en m'obtenant celle maintenant de ne faire servir la santé qu'elle m'a donnée qu'à accomplir la volonté de Dieu! Oui, je suis guérie!

« Dieu est le maître de m'affliger de nouveau par la maladie. Mais il me trouvera, je l'espère, toujours soumise à sa sainte volonté. Mais alors je me rappellerai avec reconnaissance que, depuis le 8 septembre 1848, jusqu'au jour où il me visitera, *j'ai joui du bienfait de la santé par la faveur de notre Bonne Mère de la Salette.*

« *Lyon, 21 novembre 1848,*

Marguerite Guillot. »

« Nous soussigné, assistant de la Société de Marie, à Lyon, attestons selon notre conscience devant

Dieu et comme témoin oculaire, que Mlle Guillot Marguerite, de Lyon, place Bellecour, n. 9, a été guérie miraculeusement par l'intercession de Notre-Dame de la Salette.

« Malade depuis dix ans, Mlle Guillot souffrait continuellement et ne pouvait ni travailler ni marcher sans s'exposer à de violentes douleurs. Ses douleurs augmentèrent avec une grande intensité le 30 mai 1848. Elle fut obligée de s'aliter tout à fait. Bientôt la maladie devint alarmante. M. Berlioz, son médecin, jugea prudent de la faire administrer. Et je préparai la malade à la mort. Je n'eus pas besoin de longues exhortations; c'était la bonne nouvelle qu'elle attendait depuis longtemps.

« Mais Dieu voulait la guérir pour la gloire de la Salette. Le médecin ayant déclaré que les ressources de l'art étaient désormais impuissantes, nous nous adressâmes à la sainte Vierge. Toute la famille fit une neuvaine à Notre-Dame de la Salette. La malade s'y unit. On récita chaque jour le chapelet, on assista à la sainte messe, on fit une communion à cette intention.

« La malade buvait soir et matin de l'eau de la fontaine miraculeuse, et chaque fois qu'elle en prenait, elle se trouvait un peu soulagée.

« On espérait avec confiance, lorsque le huitième jour de la neuvaine, la malade resta comme agonisante après un accès terrible de douze heures.

« Mais le lendemain, fête de la Nativité de la sainte Vierge, était le jour du miracle. Il était sept heures du matin, toute la famille était à la sainte messe; on y pria avec ferveur, mais aussi avec résignation. Mais quelle ne fut pas la surprise de toutes les sœurs de la malade, et la mienne, de la trouver levée, habillée, marchant, agissant comme si elle n'avait jamais été malade; elle avait été guérie subitement pendant le saint sacrifice. Que de larmes de joie, quelle reconnaissance envers la bonne Dame de la Salette!

« Sa guérison a été et est encore constante. Jamais la miraculée ne s'est mieux portée.

« Elle a été elle-même remplir son vœu à la Salette quelque temps après. Et elle sera une preuve frappante de la vérité du miracle de l'apparition de la sainte Vierge. Je ne suis pas le seul témoin de ce fait de la toute-puissance de Marie et je suis heureux d'en avoir été le faible mais bien reconnaissant instrument, et suis prêt à le confirmer de toute l'autorité de ma foi.

« Lyon, 24 mars 1849.

EYMARD, assistant de la Société de Marie.

« — Vu pour légalisation de la signature du R. P. Eymard, assistant de la Société de Marie.

« Lyon le 24 mars 1849.

(L.-S.) GRANGE, vic. gén.»

§ VII. — *Guérison de Thérèse Nicolas, de Châteaurenard, diocèse d'Aix (Maladie de la colonne vertébrale avec paralysie des membres inférieurs — 8 septembre 1873).*

Nous empruntons le récit de cette guérison aux *Annales de la Salette* de novembre 1873, p. 82-87. C'est la narration d'un témoin.

La naissance de la Vierge annonça la joie à toute la terre, comme chante l'Église. La fête commémorative de ce mystère a fait tressaillir d'allégresse tous les cœurs. La veille, les pèlerins étaient déjà nombreux à la Salette malgré la pluie du samedi et les nuages épais qui couvraient les montagnes. Le 8, dès le matin, on voit arriver, mêlé à d'autres caravanes, un groupe de pèlerins anglais prêtres et laïques.

La procession sort de l'église comme à l'ordinaire, et parcourt en chantant les lieux de l'apparition; le temps est sombre sans être froid. A l'évangile de la messe, un missionnaire entretient les pèlerins de celle dont on ne parle jamais assez.

A une heure, après le repas et la visite au saint-sacrement, les pères missionnaires se rendent ensemble vers la fontaine miraculeuse pour y réciter une prière, comme cela se pratique chaque année tous les jours du mois de septembre. La foule les y a précédés. Elle entoure une infirme qui est venue demander à Marie ce que la science des hommes a été impuissante à lui donner. Cette infirme est une fille de 27 ans, nommée Thérèse Nicolas, d'une famille honorable de Châteaurenard (Bouches-du-Rhône). Dans ses premières années, elle était d'une santé fort délicate; elle vomissait souvent après ses repas jusqu'à l'âge de 13 ans. De 13 à 17 ans moins 2 mois, elle alla bien. Mais, en 1864, un jour qu'elle voulait aller à la sainte messe malgré le mauvais temps, elle dut marcher pendant dix minutes au milieu d'une neige abondante qui couvrait tous les chemins. Elle revint à la maison sans sentir aucune souffrance, mais de temps en temps pendant les trois premiers mois qui suivirent cette course à travers la neige, elle tombait facilement. Après le troisième mois, elle ne put plus marcher. Pour se tenir debout, elle avait besoin d'une main vigoureuse qui la soutînt. Elle n'éprouvait cependant aucune souffrance, mais ses pieds étaient sans force et d'une telle insensibilité qu'on pouvait les pincer jusqu'à les bleuir sans qu'elle s'en aperçût. On consulta successivement MM. Bontoux, à Châteaurenard, et Béchet, à Avignon. Ce dernier la traita à l'homéopathie et lui conseilla de se servir de béquilles. M. Bontoux prescrivit l'emploi de la brosse électrique pour les reins dont elle souffrait, et l'usage de l'huile de foie de morue. M. Carre, d'Avignon, employa la machine électrique, les bains soufrés et autres remèdes, mais tout cela sans aucun succès; de sorte que la science médicale perdit tout espoir, et son dernier mot fut celui-ci : Elle n'en mourra pas, mais cela peut durer vingt ou trente ans; elle restera toujours dans le même état. D'inutiles remèdes longtemps employés lassaient et la famille et la malade et les médecins; aussi, quand ces derniers étaient mandés auprès de Thérèse, ne s'occupaient-ils nullement de ses jambes, dont la paralysie était regardée comme un fait accompli, et sur lequel il n'y avait pas lieu de revenir; ils ne cherchaient qu'à améliorer l'état de l'estomac de la jeune fille qui avait des vomissements assez fréquents. A cela venaient s'ajouter des migraines et des palpitations de cœur telles que, lorsque dans la journée Thérèse avait reçu de nombreuses visites, elle ne pouvait reposer la nuit suivante. Mais là encore on finit par cesser de recourir à la médecine, et depuis trois ans aucun médecin n'a visité la malade. Pendant ces trois dernières années, les vomissements sont devenus moins fréquents; mais l'état des jambes ne s'est nullement amélioré. La jambe gauche surtout était incapable de tout mouvement jusqu'au genou. L'infirme ne pouvait la remuer qu'avec la main, ou à l'aide de la jambe droite qui, tout en étant incapable de porter le poids du corps, avait conservé cependant une certaine force. Les doigts du pied gauche ne pouvaient faire aucun mouvement, ils se repliaient sur eux-mêmes quand on mettait sa chaussure à la pauvre malade. C'est à peine si des vases remplis d'eau bouillante qu'un autre n'aurait pu supporter amenaient la chaleur dans ces membres engourdis et glacés. Mlle Nicolas était donc condamnée à une immobilité presque complète. Quand on l'avait placée à terre, elle pouvait, à l'aide du genou droit et des mains, se traîner dans son appartement, mais c'était tout; on devait la porter comme un enfant quand il fallait la sortir de son lit, aussi y passait-elle depuis 9 ans environ, ses jours et ses nuits. En été, vers les quatre heures du soir, on la portait en dehors de la maison sur un canapé, afin de lui faire prendre un peu l'air.

Quelquefois aussi on lui donnait la consolation de la porter à l'église. C'était là tout le bonheur de la pauvre malade. La piété sait adoucir toutes les tristesses de l'exil. Mlle Nicolas l'avait compris, elle priait, elle se confessait tous les 8 ou tous les 15 jours. Elle passait sa journée à faire quelque ouvrage de broderie ou à préparer des fleurs pour les autels; durant cet été, elle a fait des saules pleureurs qu'elle destine à l'autel de Notre-Dame de la Salette.

L'année dernière le samedi dans l'octave de la Fête-Dieu, on la conduisit au pèlerinage de Notre-Dame des Remèdes chez les religieux Prémontrés; on avait eu soin de l'environner de coussins en sorte qu'elle ne souffrit pas trop du voyage. Son confesseur lui dit donc à son retour : Puisque vous n'avez pas été fatiguée, l'année prochaine il faudra aller à la Salette.

La malade goûta d'autant mieux ce conseil qu'elle aimait et honorait Notre-Dame de la Salette. Depuis que le groupe de l'apparition est érigé dans l'église de Châteaurenard en mémoire d'une guérison miraculeuse c'est-à-dire,depuis environ cinq ans, elle n'a jamais manqué, le jour anniversaire du 19 septembre 1846, de se faire porter à l'église et d'y faire la communion avec ses sœurs. Il fut donc bientôt décidé qu'on ferait le pèlerinage de la Salette dans le cours de l'été 1873. On eut la pensée de choisir le 2, puis le 16 juillet; enfin des occupations firent différer jusqu'au 8 septembre.

Le vendredi 5 septembre Mlle Thérèse Nicolas, accompagnée de ses deux sœurs, était donc portée de la maison de sa mère à la route, pour y être placée sur l'omnibus de Châteaurenard à Barbentane.

Quelque temps après ses sœurs l'étendaient dans un compartiment de troisième sur des couvertures et des coussins dont elles avaient eu soin de se munir. On arriva ainsi à Valence. Là il fallait changer de train, et les deux sœurs de confier leurs bagages à des voisines complaisantes pour se charger elles-mêmes de transporter l'infirme en présence de la foule circulant dans la gare et dans les environs. On arriva avec les mêmes circonstances à la gare de Grenoble, et là, comme à Valence, comme tout à l'heure sur la place Grenette, les passants s'arrêtent pour voir Mlle Thérèse Nicolas, le visage pâle et mélancolique, portée sur les bras de ses deux sœurs.

Le samedi, à 6 heures du matin, la petite caravane quitte Grenoble pour arriver à Corps vers les deux heures. On hisse la paralysée sur un mulet; on l'attache sur une selle anglaise à l'aide d'une couverture de laine doublée, et on tente ainsi l'ascension de la montagne. Le temps est mauvais, la pluie tombe tout le long du trajet et on arrive néanmoins sans autre accident le soir du 6 septembre.

Le lendemain, dimanche, les brouillards ne permettent pas de porter l'infirme sur les lieux de l'apparition; on se contente de la porter à l'église pour y faire la sainte communion et y assister à tous les offices. Tous les pèlerins étaient touchés de la foi de cette jeune fille autant que de son état, et on suivait avec intérêt les deux sœurs apportant dans le sanctuaire et emportant leur fardeau si cher. Mlle Thérèse Nicolas attendait avec confiance sa guérison par Marie, mais elle comptait l'obtenir le jour de la Nativité, et au moment de la communion. Ce ne fut donc pas sans quelque tristesse qu'elle assista à la messe le 8, y communia et fit son action de grâce sans éprouver aucune amélioration dans son état. Elle ne perdit cependant point toute espérance.

Plusieurs pèlerines de Châteaurenard et de Lambesc s'étaient donné rendez-vous à la montagne ce jour-là. Toutes étaient d'une foi ardente. Elles connaissaient et aimaient l'infirme, à laquelle la souffrance et la piété ont concilié l'estime et la sympathie de tous ses compatriotes. M. le curé de Châteaurenard avait écrit le matin même à l'une d'elles : *si notre paralysée guérit, ce sera une vraie mission pour ma paroisse.* Or, la personne même qui avait reçu la lettre de M. le curé, après le repas, invite toutes les pèlerines à se réunir près de la fontaine miraculeuse où on allait porter Mlle Nicolas. Et aussitôt en effet on se dirige vers les lieux de l'apparition. On ôte à la paralysée sa chaussure, on l'assied sur une couverture de laine étendue sur le bord de la source, et on trempe ses pieds dans l'eau miraculeuse. Je ne sais quel frisson parcourt les âmes, on s'agenouille, on va prier. Les missionnaires de Notre-Dame de la Salette étant arrivés à ce moment, qui avait quelque chose de solennel, le Révérend Père supérieur récite à haute voix les litanies de Notre-Dame de la Salette. L'émotion qui avait saisi la foule agitait surtout le cœur de l'infirme, qui sentait d'abord la fraîcheur de l'eau agir sur ses membres puis, une sorte de chaleur inaccoutumée, bien que les personnes qui lui frictionnaient les jambes les trouvassent comme glacées. Après la première récitation des litanies, elle

LA SALETTE. — INTÉRIEUR DE LA BASILIQUE.

avoue que son pied gauche semble s'affermir, et on répète encore une seconde, puis une troisième fois la même prière. L'infirme alors éprouve des vomissements. On lui offre de lui faire prendre quelque potion, elle ne veut que quelques verres d'eau de la Salette. On retire ensuite de l'eau on frictionne ses jambes, et on lui met sa chaussure. *Essayez de me lever*, dit-elle, et ses deux sœurs la relèvent. Elle aurait voulu qu'on ne la soutînt pas, mais on n'ose la lâcher. On cherche à la faire marcher, mais pour cela il faut qu'une de ses compatriotes lui prenne les jambes l'une après l'autre pour leur faire faire quelques pas. On arrive ainsi vers la grille qui environne les lieux de l'apparition entre la statue de la Vierge en pleurs et celle de la Conversation. Là elle saisit fortement les barreaux de la grille et se met à genoux, sentant que ses membres reprennent leur vigueur; on récite une quatrième fois les litanies. Quelle foi dans ces prières, quelle confiance en Marie! tous ceux qui sont là en sont pénétrés; il semble qu'on ait un pressentiment que Dieu va faire un miracle. Quand on arrive à cette invocation : *Vous qu'on n'invoque jamais en vain*, répétée plusieurs fois, l'infirme, jusque-là émue vivement, sent un calme profond envahir son âme, et la force renaître dans son corps. *Je suis guérie*, dit-elle. Elle se lève sans le secours d'une main étrangère, embrasse ses sœurs et s'avance vers la statue de la Conversation. On crie au miracle et un pèlerin entonne le *Magnificat*. Pendant que dure ce chant, Mlle Thérèse Nicolas se tient debout, les yeux tournés vers la statue de sa bienfaitrice. On l'invite ensuite à marcher, et elle marche lentement, il est vrai, mais elle monte les escaliers qui conduisent sur le mamelon d'où la Vierge s'est élevée vers le ciel. Elle n'est arrêtée que par les pèlerines qui se portent sur son passage pour l'embrasser et l'inonder des larmes que leur font répandre la joie et l'émotion.

Mlle Thérèse seule est calme quand tous les pèlerins éclatent en transports de bonheur. Elle traverse la place qui est devant le sanctuaire, elle joint les mains et lève les yeux au ciel dans l'attitude de la prière et de la reconnaissance. Les vêpres commencent aussitôt; elles sont chantées avec un enthousiasme inouï; le *Magnificat* surtout fournit aux pèlerins l'occasion de manifester leur élan et leur gratitude pour Marie. Durant les vêpres, Mlle Nicolas est au milieu de la grande nef, devant la table de communion. Elle suit seule et sans soutien toutes les cérémonies de l'office, se tenant tour à tour debout ou à genoux.

Après les vêpres et le récit de l'apparition qui les suit immédiatement, l'heureuse protégée de Notre-Dame de la Salette fait elle-même le chemin de la croix sur les lieux de l'apparition; les pèlerins y assistent pour la plupart. Le lendemain 10 septembre, elle se lève seule, ce qui depuis 9 ans ne lui est pas arrivé. Elle se promène ce jour-là même; le lendemain, elle fait quelques courses autour du sanctuaire et le 11 elle descend la montagne à pied pendant l'espace de cinq kilomètres.

L'aveugle-né disait au Juif incrédule : *Quel est l'homme qui m'a guéri? Je ne le sais. La seule chose que je sais bien, c'est que j'étais aveugle et que je vois maintenant.* Aux esprits forts qui contesteront le fait que nous venons de raconter, et qui chercheront à l'expliquer humainement, Mlle Thérèse Nicolas pourra répondre : Comment et par quelle puissance cela m'est-il arrivé, je ne le sais; ce que je sais bien, c'est que j'étais infirme, paralysée, incapable de me tenir debout et de marcher depuis 9 ans; je suis venue à la Salette, j'ai lavé mes pieds dans la fontaine, et je me tiens debout et je marche. Depuis lors les vomissements et les palpitations de cœur ont disparu.

Plusieurs n'y croiront pas ou expliqueront la chose à leur façon; mais le peuple droit et simple rendra, avec raison, gloire à Notre-Dame de la Salette.

Il n'est, du reste, pas facile de contester le fait; la paroisse tout entière de Châteaurenard peut témoigner de la paralysie de neuf années de Mlle Nicolas, et plus de trois cents pèlerins, réunis avec cette jeune fille autour de la fontaine le 8 septembre, attesteront qu'ils l'ont vue marcher.

Mlle Nicolas est, d'ailleurs, d'une piété que tous ceux qui la connaissent estiment et apprécient; nous l'avons vue de près, nous l'avons questionnée longtemps et plusieurs fois, et nous avons été frappés de sa modestie, de sa simplicité, nous dirions presque de sa timidité. Elle craint d'être mise en relief, elle a peur que l'on parle d'elle et de la grâce dont elle a été l'objet.

Ses compatriotes, à la vue de sa guérison, ne se possédaient point. En se rencontrant, elles s'embrassaient et poussaient des cris de joie, tellement elles étaient transportées en voyant marcher celle qu'elles n'avaient vue qu'étendue sur un lit de douleur pendant neuf années. Mlle Thérèse Nicolas restait paisible et silencieuse.

Cette jeune fille est rentrée à Châteaurenard le samedi 13. Le lendemain, on a chanté à l'église une messe d'actions de grâces pour sa guérison. Elle a été chargée de faire la quête parmi les assistants, et tout le monde a pu la voir parcourir le saint lieu en tous sens. Que de larmes ont été versées à ce spectacle!

Cette guérison a donné à la fête du 19 septembre qui se célèbre chaque année dans cette petite ville un éclat merveilleux. A dix heures, la messe solennelle. L'église était trop étroite pour contenir la population accourue en actions de grâces. Un grand nombre de prêtres des environs y assistaient. Le soir, procession splendide. Cinq mille personnes, nous écrit-on, en faisaient partie, autant de spectateurs. La Vierge de la Salette a été portée en triomphe et a reçu des acclamations enthousiastes. La fête a été terminée par un feu d'artifice.

Tels sont les faits que nous avons recueillis avec soin; nous n'avons pas à les juger, ni même à les apprécier, nous nous contentons d'être historien fidèle.

§ VIII. — *Conversion d'un jeune officier*, *M. Garoud (La Salette, printemps de 1854)*.

Ce récit, que M. Burnaud, supérieur des missionnaires de la Salette citait dans son sermon du

19 septembre 1854, fut consigné par Mlle des Brulais, dans la *Suite de l'Echo*, p. 75-77. Nous citons textuellement la fidèle narratrice, en complétant, d'après Mgr Giray [1] les renseignements qu'elle nous fournit.

« Par une belle journée de printemps dernier, un jeune officier d'état-major [2] avait gravi cette montagne révérée. Une pensée pieuse ne l'y avait pas amené; car, hélas! depuis longtemps, il n'était plus chrétien que de nom. Mais, en passant à Corps, il avait entendu parler de la Salette; il avait vu la foule des pèlerins en prendre la route, et il avait suivi...

« Arrivé sur le plateau béni, le jeune guerrier promène avec étonnement ses regards autour de lui sans rien comprendre... Il cherche en vain la cause de la célébrité de ce désert, où rien ne parle, ni à son imagination, ni à son cœur, et il se demande quel peut bien être le dédommagement des fatigues d'une si rude ascension... Bientôt, vaincu par l'ennui, il se dispose à redescendre; mais, en vrai chevalier français, il croit qu'il doit auparavant satisfaire à un devoir de politesse; et il demande à saluer le supérieur des missionnaires.

« Monsieur, me dit-il, la curiosité m'a conduit sur cette montagne. J'y suis depuis une heure à peine et ne voyant rien qui puisse m'y retenir davantage, je redescends immédiatement à Corps. Toutefois,

1. *Les Miracles de la Salette*, t. II, p. 243 et sq.
2. On verra plus loin qu'il s'agissait, en réalité, d'un officier de marine.

je n'ai pas voulu partir sans avoir offert au chef de cette maison mes civilités respectueuses; et tel est le but de ma visite. »

« Après dix minutes peut-être de conversation sur des choses insignifiantes, le jeune officier se leva pour prendre congé de moi. — « Avez-vous visité, Monsieur, lui dis-je alors, tout ce qui peut intéresser les pèlerins sur cette montagne? — Mais... je pense que oui, Monsieur. — Vous avez remarqué la fontaine miraculeuse? — La fontaine miraculeuse!.. Mais non... je ne savais pas... Où donc est cette fontaine? — Là-bas... Voyez, Monsieur. » Et, de la main, je lui indiquais, par ma fenêtre, le ravin où coule la source de Marie. — « Croyez-moi, Monsieur, ajoutai-je, ne quittez pas notre montagne sans avoir visité cette petite fontaine. Faites plus, je vous en prie : buvez, pour me faire plaisir, un verre de cette eau merveilleuse : elle n'a jamais fait de mal à personne, et, je vous l'assure, elle a fait beaucoup de bien à plusieurs. — Monsieur, si cela peut vous être agréable, je boirai un verre de cette eau. » — Et le jeune homme me quitta en me saluant avec une exquise politesse. Je pris soin de ne pas surveiller ses démarches; je le croyais donc parti depuis longtemps, lorsque, vers le soir, quelqu'un vint me dire « : Mon Père, un officier d'état-major, retenu comme malgré lui, depuis ce matin, sur cette montagne où il ne voulait rester qu'une heure, est prosterné, baigné de larmes, dans la chapelle, devant l'image de Marie; et, vaincu par la grâce, il demande que vous l'entendiez en confession. »

« Je vous laisse à penser, mes Frères, quelle fut

ma réponse et quelle joie inonda mon cœur, quand je vis entrer chez moi ce pauvre enfant prodigue. « Mon Père, me dit-il, en baissant humblement les yeux, vous voyez devant vous un grand pécheur... Oh! qu'il est lourd, le fardeau qui m'accable! Il faut que je m'en décharge... Car, ô mon Père, ce verre d'eau que, pour acquitter ma promesse, je suis allé boire à cette fontaine, ce verre d'eau a bouleversé mon être, et je ne puis plus vivre sans avoir fait ma paix avec Dieu... »

« Que vous dirai-je encore, mes Frères? La plus humble confession, accompagnée du plus sincère repentir, termina sans doute cette heureuse journée, puisque, le lendemain, je voyais prosterné à la table sainte mon jeune officier d'état-major, sur la poitrine duquel brillait la décoration des braves; et des larmes d'amour inondaient ses joues, pendant que ma main tremblante d'émotion, déposait sur ses lèvres, le corps sacré de Notre-Seigneur Jésus-Christ!

« Puis il partait quelques heures plus tard, le cœur plein de paix et de reconnaissance, et sa conversion devait être aussi durable qu'elle a été sincère. Trop brave pour connaître le respect humain, il la proclamait sans crainte, dès en arrivant à son régiment, dont il s'est fait l'apôtre, comme il en est le modèle....

«... Mes Frères, voilà ce qu'a pu faire un verre d'eau, un seul verre d'eau puisé à cette fontaine et bu par complaisance. Oh! il faut donc le reconnaître : *Le doigt de Dieu est vraiment ici!*

M. le chanoine Burnoud écrivait, le 10 août 1854, au P. Sibillat qui était alors à Rome : « Parlez de

M. Garoud, de *Toulon;* vous connaissez toutes les circonstances de sa conversion. J'en ai des nouvelles par le R. P. Eymard qui était ici, il y a aujourd'hui huit jours. Ce brave capitaine de navire est un saint, un véritable missionnaire à Toulon. » — Un mois plus tard, le 19 septembre 1854, M. Burnoud alléguait ce témoignage d' « un R. P. *Mariste* (Mlle des Brulais dit *Jésuite)*, visitant dernièrement la sainte Montagne et lui disant : « Votre jeune officier est l'édification de notre ville. C'est un véritable missionnaire, qui fait, à Toulon, surtout parmi ses compagnons d'armes, plus de bien que nous ne saurions en opérer... » — Véritablement, Marie a sanctifié par sa présence bénie les lieux où s'opèrent de tels prodiges... »

On le voit, des merveilles de tout genre se sont accomplies soit à la Salette, soit, en d'autres endroits, par l'invocation de Notre-Dame de la Salette et l'emploi de l'eau de la petite fontaine. Nous n'avons donné place ici qu'à un nombre restreint de ces prodigieuses faveurs, et, parmi les documents qui les concernent, nous n'avons cité que ceux qui pouvaient en donner, brièvement, une idée exacte. Nombreuses sont celles qui ont été authentiquement constatées. Plus nombreuses encore sont celles qui sont connues de Dieu seul et de ceux qu'il a bien voulu combler de ses grâces par l'intermédiaire de Marie. Toutes contribuent à affirmer la réalité de l'apparition mariale à la Salette, et l'intervention divine dans l'événement du 19 septembre 1846.

CHAPITRE X

Le Couronnement.

Jusqu'en 1864, il n'y avait, sur les lieux de l'apparition, qu'une petite statue en fonte offerte par un ouvrier lyonnais.

Un riche espagnol, le comte de Penalver, voulut élever à la Vierge de la Salette des monuments dignes d'elle. Il fit donc confectionner des statues représentant les trois phases de l'apparition. Ces groupes de bronze qui furent montés à la Salette au prix des plus grands efforts, y furent placés aux endroits désignés par les enfants.

Au lieu de l'Assomption, avait été érigée une chapelle romane en pierre blanche. Ce monument n'étant pas en proportion avec la statue de la Vierge qui monte au ciel, fut démoli et transporté au cimetière du pèlerinage.

En 1872, sur l'initiative d'un saint prêtre, vicaire à Paris, l'abbé Thédenat, qui avait eu cette inspiration sur le tombeau du curé d'Ars, en priant sainte Philomène, des hommes de foi conçurent le dessein de mener à la Salette des pèlerins, venus de tous les points de la France.

Ce devait être le premier pèlerinage national. Il était dirigé par les RR. PP. Assomptionnistes et fut présidé à la Salette par Mgr Paulinier, successeur de Mgr Ginoulhiac sur le siège de Grenoble.

Les pèlerins avaient été grossièrement insultés au passage, à Grenoble et à Vizille. Mais rien ne pouvait les décourager, et les cérémonies qui eurent lieu sur la sainte Montagne furent grandioses et admirables.

C'est à la Salette que s'était formé le Conseil des Pèlerinages. Le second pèlerinage national eut lieu en 1873.

En 1875, Mgr Paulinier quittait Grenoble pour Besançon, et Mgr Fava, évêque de la Martinique était désigné pour lui succéder.

Dès son arrivée, le prélat manifesta sa vive dévotion envers Notre-Dame de la Salette. Il voulut bientôt donner à la Vierge des Alpes un témoignage sensible de sa piété filiale, et pria Léon XIII qui venait de monter sur le trône pontifical d'accorder au sanctuaire de la sainte Montagne deux précieuses faveurs.

En 1879, le souverain pontife, se rendant à cette requête concéda à l'église de la Salette le titre de basilique mineure, et à la statue de la Vierge les honneurs du couronnement.

Cette dernière concession fut cependant l'occasion d'attaques nouvelles de la part de la presse impie.

La Sacrée Congrégation des Rites, en expédiant le décret qui autorisait le couronnement de Notre-Dame de la Salette, décida que la statue destinée à être couronnée serait exécutée conformément aux modèles traditionnellement admis.

Le fait que cette statue ne serait pas celle connue jusqu'alors pour être une représentation de la

« Belle Dame » vue par les enfants, suffit pour motiver un article du *Messager de Toulouse*, affirmant que Rome déclarait sans fondement la dévotion à Notre-Dame de la Salette, et que Mélanie s'était rétractée.

Dans une lettre circulaire du 2 février 1879, Mgr Fava réduisait à néant ces deux allégations, et pour mieux souligner leur fausseté, il consacra son instruction pastorale de carême à la dévotion envers Notre-Dame de la Salette.

La cérémonie du couronnement devait avoir lieu le 21 août. La veille serait consacrée l'église. Le cardinal Guibert, archevêque de Paris était délégué par Léon XIII pour couronner la Vierge. Le cardinal Desprez, archevêque de Toulouse était invité à procéder à la consécration du sanctuaire. Il en fut empêché par la maladie, et ce fut Mgr Paulinier qui le remplaça.

Outre ces deux prélats, et Mgr Fava, Mgr Pichenot, archevêque de Chambéry, Mgr Mermillod, évêque de Lausanne et Genève, Mgr Cotton, évêque de Valence, Mgr Terris, évêque de Fréjus, Mgr Robert, évêque de Marseille, Mgr Bonnet, évêque de Viviers, Mgr Delannoy, évêque d'Aire et le Révérendissime Dom Antoine, abbé de Chambarand, se rendirent sur la sainte Montagne et y arrivèrent le 19, précédés par Mgr Bernard, préfet apostolique de Norvège, et par un immense concours de pèlerins.

Le 19 au soir, ce fut Mgr Cotton qui prit la parole. Au cours de cette journée et de la suivante, les pèlerins entendirent encore Mgr Terris, Mgr Fava,

Mgr Mermillod et le R. P. Giraud supérieur des missionnaires.

Le 21 fut la grande journée. On avait dressé, en plein air, une estrade sur laquelle était placée, recouverte d'un voile, la statue qui devait être couronnée. A huit heures du matin la procession s'organise, et quand les pèlerins sont groupés autour de l'estrade, le saint sacrifice commence célébré par le cardinal Guibert.

Après la messe, Mgr Fava prend la parole, et montre comment, après s'être oubliée elle-même, après avoir recherché la gloire de son Fils au prix de toutes les humiliations, Notre-Dame voit succéder à tous ses abaissements un jour de triomphe et de gloire.

C'est alors qu'a lieu le couronnement de Notre-Dame de la Salette. Le voile de la statue tombe, l'hymne *O Gloriosa Domina* retentit, la statue et la couronne reçoivent les bénédictions liturgiques. Le cardinal s'agenouille ensuite et entonne le *Regina cœli*, continué par l'immense foule qui l'entoure. Il gravit alors les degrés qui doivent lui permettre de s'approcher de la statue sur le front de laquelle il dépose la couronne aux acclamations enthousiastes des pèlerins.

Le chant du *Te Deum* clôt cette incomparable solennité.

On évalua à quinze mille le nombre des pèlerins qui avaient gravi, à cette occasion, les pentes de la sainte Montagne. Il en était venu de partout et par tous les chemins, au prix des plus grandes fatigues, et dans cette foule, bien peu purent trouver un asile dans l'hôtellerie du Pèlerinage, absolument insuffisante à hospitaliser une telle affluence.

Ce fut vraiment un triomphe pour la Vierge de la Salette, pour Notre-Dame Réconciliatrice, et c'est en toute vérité que ses enfants pouvaient chanter à sa louange la cantate composée spécialement pour la circonstance. :

Quel est ce bruit que le monde répète.
Comme un écho du domaine infernal ?
De votre front, Reine de la Salette,
Il eût voulu ternir l'éclat royal.
Vaine tempête!
Tout ce fracas,
Vierge de La Salette,
A votre ciel n'atteindra pas!

CHAPITRE XI

L'Archiconfrérie.

En mai 1848, M. Louis Perrin, curé de la Salette, autorisé par l'évêque de Grenoble, résolut de former une association de prières pour la conversion des pécheurs, et ouvrit un registre pour recueillir les noms des personnes désireuses d'en faire partie

Les inscriptions furent bien vite très nombreuses. A la fin de la première année, il y avait cinq mille cinq cent quarante-cinq associés, et, en 1850, dix-sept mille six cent cinquante-deux.

Aussi, dès que les Missionnaires de la Salette

furent fondés par Mgr de Bruillard, leur premier supérieur, M. le chanoine Burnoud, demanda-t-il au prélat l'érection canonique de la confrérie. Le nombre des personnes inscrites sur les registres s'élevait alors à près de cinquante mille.

Mgr de Bruillard ne voulut pas faire de l'association une simple confrérie locale, mais il demanda aussitôt au Saint-Siège pour elle, l'érection en archiconfrérie, ainsi qu'une concession d'indulgences. Ces dernières furent accordées par bref du 26 août 1852, et l'érection en archiconfrérie, par bref du 7 septembre de la même année.

Le 21 novembre suivant, une ordonnance épiscopale constituait canoniquement l'association et lui donnait pour siège le sanctuaire de la sainte Montagne. D'après le règlement approuvé à cette date, le but de l'association est :

1° D'apaiser, par la médiation de la très sainte Vierge, sous le vocable de Notre-Dame Réconciliatrice de la Salette, la colère de son divin Fils spécialement irrité par la violation des premier, second et troisième commandements de Dieu, et des cinquième et sixième commandements de l'Église;

2° D'obtenir de Notre-Seigneur Jésus-Christ par l'intercession de Notre-Dame Réconciliatrice de la Salette, des grâces spéciales de conversion pour les pécheurs, leur retour à l'observation des commandements de Dieu et de l'Église, mais spécialement à la pratique du premier, par la foi, l'espérance, la charité et la prière; du second, par le respect pour le saint nom de Dieu et pour le zèle par rapport à l'extinction du blasphème; du troisième par la sanctification du dimanche et des fêtes, c'est-à-dire par l'assistance assidue à la sainte messe et l'abstention des œuvres serviles; du cinquième et du sixième commandements de l'Église par le jeûne et l'abstinence des aliments gras les jours où l'obligation en est prescrite, et lorsqu'il n'y a pas des motifs de dispense;

3o D'obtenir enfin les grâces spirituelles et temporelles dont les membres de l'association peuvent avoir besoin. Les associés s'efforceront d'atteindre ce triple but :

1) En priant beaucoup à cette intention;

2) En observant eux-mêmes et en faisant observer par toutes les personnes qui leur sont soumises tous les commandements de Dieu et de l'Église, mais spécialement ceux désignés ci-dessus;

3) En faisant passer à tout le peuple de Marie les reproches, les recommandations et les menaces de la divine Mère;

4) En mettant en commun toutes leurs prières, leurs bonnes œuvres et leurs mérites;

5) En récitant à la fin de leurs prières du matin et du soir cette invocation : *Notre-Dame de la Salette Réconciliatrice des pécheurs, priez sans cesse pour nous qui avons recours à vous;* ou cette autre : *Notre-Dame Réconciliatrice de la Salette, ne cessez pas de soutenir le bras de votre divin Fils et de le prier pour nous;* ou le *Sub tuum præsidium*, et enfin un *Pater* et un *Ave Maria* en latin ou en français. Le *Pater* et l'*Ave Maria* sont seuls d'obligation. On peut appliquer à cette intention le *Pater* et l'*Ave* de la prière du matin et du soir.

En vertu du bref du 26 août 1852, les confrères peuvent gagner les indulgences suivantes :

1. Une indulgence plénière le jour de leur réception pourvu qu'ils se confessent et communient.

2. Une indulgence plénière le 19 septembre, anniversaire de l'apparition, aux conditions ordinaires : confession, communion, visite de l'église de la confrérie et prière aux intentions du souverain pontife.

3. Une indulgence de sept ans et sept quarantaines aux mêmes conditions les jours des fêtes suivantes : Purification, le 2 février; Compassion de la très sainte Vierge; Notre-Dame du Mont-Carmel, 16 juillet; Présentation de la très sainte Vierge, 21 novembre.

4. Une indulgence de soixante jours, pour chaque œuvre de piété ou de charité accomplie en état de grâce.

5. Enfin, une indulgence plénière à l'article de la mort, si, après s'être confessés avec repentir, ils reçoivent la sainte communion. S'ils sont dans l'impossibilité de le faire, ils invoqueront de bouche, ou, ne le pouvant, de cœur, le saint nom de Jésus.

Toutes ces indulgences sont applicables aux âmes du Purgatoire.

Nombreuses sont les paroisses ou les églises dans lesquelles a été érigée la confrérie de Notre-Dame de la Salette, canoniquement affiliée à l'archiconfrérie de la sainte montagne.

Une confrérie de Notre-Dame de la Salette a été érigée en 1870 à Rome, dans l'église de Saint-Sauveur *in Thermis.*

CHAPITRE XII

Les Annales de la Salette.

En mai 1865 paraissait, en une livraison de 16 pages in-8°, le premier numéro des *Annales de Notre-Dame de la Salette.*

Sans aucun autre préambule, le fascicule commence par le récit de l'apparition, dû à la plume du R. P. Giraud, qui sera publié en plusieurs fois. C'était là le début d'une petite revue qui, depuis, n'a cessé d'être l'organe des gardiens du sanctuaire, et le messager des enseignements de la très sainte Vierge. Elle en est, maintenant, à sa 58e année, et continue de chercher à faire connaître et aimer la Vierge de la Salette.

La collection complète de ces *Annales* est un des monuments les plus glorieux érigés en l'honneur de la très sainte Vierge, car, non seulement cette humble revue a pris à tâche de publier les grandeurs de la Reine du Ciel, mais elle est un témoin contemporain, d'un grand nombre des merveilles que la très sainte Vierge a voulu opérer soit à la Salette, soit par l'eau de la fontaine miraculeuse, soit par les invocations qui lui ont été adressées sous le titre de Notre-Dame de la Salette.

Des mains des Pères Missionnaires, la rédaction des *Annales* a passé à celles des Chapelains diocsains commis par l'évêque de Grenoble à la garde du pèlerinage, quand la persécution a forcé les religieux de l'abandonner. Mais, quels qu'ils soient, les rédacteurs n'ont jamais eu qu'une pensée : attirer de plus en plus les âmes à la Bonne Mère, et par Elle, à son divin Fils.

Les *Annales* sont l'intermédiaire le plus autorisé entre la sainte montagne et les enfants dévoués de la Vierge en pleurs. Elles sont, pour les anciens pèlerins, le moyen de rester en relations directes avec le pèlerinage, pour tous, un lien avec le sanctuaire dont elles suivent la vie presque quotidienne, dont elles relatent les cérémonies, dont elles publient la chronique. Et, bien souvent, on trouve encore dans leurs pages les remerciements émus de ceux qui ont été l'objet des faveurs de la Bonne Mère.

Les *Annales* ont fait, au cours de leur existence déjà longue une belle et bonne œuvre. Il faut souhaiter qu'elles puissent la continuer longtemps, ou plutôt, ne jamais cesser d'être comme l'histoire vivante de la Salette. Puissent-elles enregistrer de plus en plus nombreux les témoignages de dévotion envers la Vierge Réconciliatrice, et contribuer à la glorification et au triomphe définitif de cette Reine des Alpes!

CONCLUSION

A la suite de la visite de Maximin à Ars, le bienheureux curé écrivait à Mgr Philibert de Bruillard : « Après tout, Monseigneur, la plaie n'est pas si grande et si le fait est l'œuvre de Dieu, l'homme ne le détruira pas. »

Certes, les attaques n'ont pas manqué contre la Salette, attaques venant non seulement des impies, des ennemis de tout surnaturel et de toute religion, mais encore de ceux qui, gardiens du sanctuaire et ministres de l'autel, semblaient devoir être les défenseurs de ce nouveau pèlerinage.

Les assauts les plus terribles ont été livrés à cette dévotion naissante, et comme si ce n'était pas assez des arguments souverainement habiles invoqués par les adversaires, sous couleur de défendre la vérité, de l'ironie mordante avec laquelle ils ont cherché à ridiculiser le fait, ils pouvaient appeler à confirmer leurs dires, un homme vénérable que la France chrétienne entourait alors d'un profond respect, et que, depuis, l'Église a fait monter sur ses autels.

Si la Salette avait été l'œuvre des hommes, elle n'aurait pas pu résister.

Les opposants durent se croire bien près de pouvoir pousser un cri de victoire...

Mais les croyants n'avaient pas perdu confiance,

et, alors que la cause semblait désespérée, que l'un des voyants, par son imprudente étourderie, l'avait gravement compromise, inébranlablement attachés à une conviction assise sur des raisons péremptoires, ils pouvaient continuer d'affirmer avec M. Rousselot : « Quand même Maximin se serait rétracté à Ars, sa rétractation ne saurait nuire au fait de la Salette. »

Ils étaient dans le vrai. Le curé d'Ars est revenu de son incroyance. Les opposants, mis par Mgr Ginoulhiac en demeure de faire la preuve de leurs affirmations audacieuses, se sont lamentablement dérobés. Le fait est resté, dominant toutes ces luttes de son incontestable réalité confirmée par des miracles.

Et, à l'heure présente, le grand argument de la vérité de l'apparition, c'est l'existence elle-même du pèlerinage. Non, assurément, un événement dont le souvenir continue d'attirer les foules sur des sommets escarpés, dans un désert difficilement accessible, au prix de mille fatigues et de mille sacrifices, un événement qui a eu pour conséquence la construction, dans cette solitude, d'une basilique fréquentée par les foules, un événement dont les résultats sont des faveurs innombrables, temporelles et surtout spirituelles, obtenues sur tous les points de l'univers catholique, un tel événement ne saurait être l'œuvre de l'homme.

L'homme n'a pu le détruire. Il faut donc conclure, avec le curé d'Ars, que cet événement est l'œuvre de Dieu.

APPENDICE

Moyens d'accès

Pour l'ensemble des pèlerins et pour la grande majorité des pèlerinages organisés, la meilleure route à suivre pour venir à la Salette, est celle qui, partant de Grenoble, passe par La Mure et par Corps. On peut aller en chemin de fer jusqu'à la Mure, et on parcourt, depuis Saint-Georges-de-Commiers, une des lignes les plus audacieusement construites de France. De La Mure à Corps, il y a, pour le moment, des services automobiles, mais un chemin de fer est en construction, qui reliera, par Corps, La Mure à Gap.

On peut aussi, dès maintenant, venir à Corps, de Gap, en automobile.

De Corps, l'ascension à la Salette — 10 kilomètres à parcourir et 900 mètres à monter — se fait soit à pied, soit à dos de mulet, soit même en voiture.

Les alpinistes peuvent prendre d'autres chemins. Il y a en effet, pour eux :

1° Le chemin de Saint-Michel. Une jolie route va de La Salle-en-Beaumont (hameau des Souchons) à Saint-Michel. De là, par des chemins de montagne en pente très douce et délicieusement tracés dans les bois, on arrive au pittoresque chemin des Tunnels, ensuite au Col d'Hurtières, et enfin au pèlerinage de la Salette.

2° LE CHEMIN DE VALBONNAIS qui rejoint, au col de la Chênelette, celui de Saint-Michel.

3° LE CHEMIN DES ENGELAS, qui passe par le hameau de Chabrand, et rejoint le chemin de Saint-Michel un peu au-dessous des tunnels.

4° LE CHEMIN D'ENTRAIGUES, qui aboutit à peu près au même point que celui des Engelas.

Pour gagner le point de départ de ces trois derniers chemins, on peut utiliser le courrier automobile qui part chaque jour de la Mure pour Valbonnais et Entraigues.

L'accès du pèlerinage est donc difficile, de quelque côté qu'on l'aborde. De cela, il n'y a pas à s'étonner. Si la très sainte Vierge a voulu apparaître au sommet d'une montagne, loin de tous les moyens de communication, c'est qu'elle voulait donner au pèlerinage de la Salette un caractère d'austérité et de pénitence. Et c'est bien une vraie pénitence que l'on est obligé d'accepter quand on veut gravir les pentes qui conduisent au lieu de l'apparition. Il faut donc se soumettre généreusement à cette volonté de la Bonne Mère et ne pas rechercher à rendre trop faciles les conditions du voyage. On ne serait plus dans l'esprit de l'apparition.

Adresses utiles.

A la Salette il n'y a pas d'autres bâtiments que ceux du sanctuaire, et pas d'autre hôtellerie que celle du pèlerinage.

Cette hôtellerie est double, à la vérité, les messieurs et les dames occupant des logements séparés. Les repas se prennent cependant en commun.

Il est prudent, au moment des fêtes ou des grands pèlerinages, d'avertir la direction des hôtelleries pour retenir un logement.

Les pèlerins sont hospitalisés dans des cellules où ils trouvent le nécessaire, mais qui ne comportent aucun luxe. Il y a également un certain nombre de lits en dortoirs.

Le service de l'hôtellerie comprend trois catégories : deux classes de table d'hôte et le service des portions distribuées aux guichets de la cuisine, au gré des pèlerins. Ces trois catégories de services sont organisées à des prix extrêmement réduits, malgré les difficultés que rencontre pour les approvisionnements l'administration du sanctuaire.

Les pèlerins qui sont obligés de s'arrêter en route trouvent, soit à Grenoble, soit à la Mure, soit à Corps, des hôtels très convenables et très confortables.

— Il n'y a, sur la sainte Montagne, qu'un seul magasin d'objets de piété celui qui appartient au sanctuaire.

Époque des grands pèlerinages.

Le pèlerinage de la Salette, en raison même de la situation du sanctuaire, est à peu près impossible en hiver. Ce n'est pas que, à cette époque de l'année, toute communication soit interrompue entre la sainte Montagne et le reste du monde, car la Salette n'est jamais inhabitée, et il est rare que l'on passe plus d'une semaine sans descendre ou monter pour pourvoir aux nécessités du ravitaillement et de la correspondance. Mais un tel voyage comporte des difficultés qu'il serait téméraire d'affronter quand on n'a pas l'habitude de la montagne — et il serait tout à fait impraticable pour un groupe de pèlerins.

Aussi les grands pèlerinages n'ont-ils lieu que pendant la belle saison.

Une vieille tradition en fixe l'ouverture au jeudi de la Fête-Dieu. Ce jour-là, les habitants des paroisses voisines du sanctuaire s'y rendent en grand nombre pour assister à la procession du très saint sacrement.

Dès lors, les groupes commencent à s'organiser surtout le dimanche, mais c'est en général au mois de juillet seulement que se forment les grands pèlerinages. La sainte Montagne est, à ce moment-là, débarrassée de toutes ses neiges, et la riche floraison qui la couvre lui donne une incomparable splendeur.

Le diocèse de Grenoble organise d'ordinaire un pèlerinage vers le milieu de juillet, et un second, réservé aux hommes seuls, l'un des premiers dimanches d'août. C'est là une tradition que l'on peut considérer comme établie, et qui est consacrée par la législation particulière du diocèse.

La fête de l'Assomption, à laquelle on se prépare à la Salette par une retraite de quatre jours, est une occasion de grand concours. Il en est de même de l'anniversaire de l'apparition, le 19 septembre, fête qui est, elle aussi, précédée d'une retraite.

D'ailleurs, au cours des mois de juillet, août et septembre de nombreuses organisations se forment pour conduire à la Salette, dans les meilleures conditions possibles, les pèlerins des diverses régions de la France.

Environs du Pèlerinage.

Le Mont Planeau, est une petite éminence située derrière le chevet de la basilique, et dominant d'une trentaine de mètres le niveau du pèlerinage. Une croix monumentale en orne le sommet, et un chemin de ronde qui permet d'en faire le tour, offre aux pèlerins la plus facile, la plus tranquille des promenades, avec un coup d'œil splendide sur le vallon de la Salette et les montagnes environnantes.

Le col des Baisses, situé directement en face du portail de la basilique. Excursion facile et qui permet de jouir d'une belle vue sur la vallée d'Entraigues.

De là, on peut aller au sommet du Gargas (2 213) d'où l'on jouit d'un panorama superbe. L'excursion est un peu pénible, à cause de la raideur de la pente à gravir, mais elle est sans danger.

Du col des Baisses également, on peut se rendre au Chamoux. La course est assez longue et a quelques passages un peu périlleux, surtout si l'on craint le vertige. Mais du sommet (2 265) on a aussi une vue magnifique.

Une promenade un peu longue, mais très facile et sans danger, est celle du col d'Hurtières et des Tunnels, sur le chemin qui conduit à Saint-Michel. Ce chemin est taillé en partie dans le roc. Sa pente est très douce. Du col d'Hurtières, on a une belle vue, et de là, on peut aller jusqu'aux petits tunnels que l'on rencontre sur le sentier creusé au flanc d'une roche très escarpée. Le site est extrêmement pittoresque.

Du col d'Hurtières, on peut monter au col du Jeu de Paume d'où, en descendant dans le petit vallon creusé par les eaux, on va au Puits de Jacob, excavation assez profonde et encore en partie inexplorée, ou bien, en montant à droite, arriver au signal de Côtebelle (2 032 m.). De ce sommet facile à atteindre, on jouit d'une vue très étendue et très intéressante.

Les villages de la Salette

Rien de remarquable à y visiter, si ce n'est la jolie église moderne.

Au hameau des Ablandins on peut voir les deux humbles maisons où Maximin et Mélanie étaient en service et d'où ils sont partis au matin de l'apparition. Ce sont deux pauvres chaumières qui n'ont rien de particulièrement intéressant, en dehors de ce souvenir.

Corps

La petite ville de Corps, quoique très ancienne, n'a pas conservé beaucoup de vestiges du passé. On y visitera l'église, où Maximin et Mélanie ont été baptisés et ont fait leur première communion.

A la sortie des maisons, du côté des Hautes-Alpes, on peut voir la petite chapelle de Saint-Roch, hardiment construite sur une roche abrupte d'où l'on jouit d'un beau point de vue.

Au cimetière, tombeau de Maximin, surmonté d'un modeste monument érigé par un ami fidèle.

Les maisons natales des deux témoins de l'apparition existent encore et leur aspect peut donner une idée de la pauvreté des familles de ces deux enfants.

Le petit village du Coin, situé à trois quarts d'heure de Corps, a été nommé par la très sainte Vierge dans son discours. On y voit le champ où s'est passée la scène dont il est question à cet endroit du message.

Pellafol

Au delà du Drac se trouve le village de Pellafol. Pour y accéder, on traverse le torrent sur un pont suspendu d'une extrême hardiesse qui domine un gouffre très étroit et profond d'une centaine de mètres.

L'église se trouve au hameau des Payas, le seul endroit habité d'où l'on puisse apercevoir le lieu de l'apparition. En poursuivant la route, on arrive au hameau de la Posterle, puis aux Gillardes, sources très abondantes et très curieuses qui alimentent la Souloise, affluent du Drac.

Sur les bords de la Souloise on peut voir de très impressionnants éboulis que les habitants du pays appellent des « ruines ». L'ancien hameau de Pellafol, situé tout près d'une de ces ruines n'est qu'un reste d'un groupe de maisons plus important qui fut entraîné dans un éboulement considérable.

C'est des Payas ou de la Posterle que l'on peut partir pour faire l'ascension de

L'Obiou

Pyramide gigantesque, qui s'élève à 2 793 mètres au-dessus du niveau de la mer. L'ascension de ce pic est assez périlleuse, et il ne faudrait pas s'y aventurer sans guide. Mais, au sommet le touriste est bien dédommagé de ses peines par la vue magnifique dont il peut jouir de toutes parts. Certains prétendent que l'on peut, de l'Obiou, voir la mer Méditerranée.

Le Dévoluy

Au delà du hameau de la Posterle, la route qui vient de Pellafol traverse une sorte de rempart de rochers, et pénètre comme par une brèche dans le Dévoluy, pays étrange qui ressemble à un immense champ de cailloux. La végétation y est cependant suffisante pour alimenter les habitants des quelques villages qui peuplent ce désert.

A signaler, dans cette région, des excavations fort curieuses que les gens du pays appellent des CHOURUNS. Un certain nombre de ces excavations ont été explorées par des spéléologues qu'elles ont vivement intéressés.

La route se bifurque. L'un des embranchements va rejoindre à Veynes la ligne du chemin de fer de

Grenoble à Marseille, l'autre passe par le col du Noyer et vient aboutir dans

Le Champsaur

Le voyageur qui veut se rendre de Corps à Gap traverse une région riche et bien cultivée, le Champsaur, qui n'est autre chose que la vallée du Drac, très élargie à cet endroit-là. Sur cette vallée s'ouvre le Valgaudemar, autre vallée très profonde qui s'enfonce entre deux murailles de rochers très élevés. Elle est dominée par le pic de Chaillol, le Grun de Saint-Maurice, le pic d'Olan, le pic de la Rouye, pour ne citer que les principaux.

La route qui conduit à Gap laisse sur la gauche la vallée du Drac et gravit le col Bayard par une pente assez douce, pour descendre de l'autre côté en formant de nombreux lacets, sur le chef-lieu du département des Hautes-Alpes.

Valjouffrey

De l'autre côté du Chamoux s'ouvrent des vallées profondes, celle de Valjouffrey qui se bifurque au village de ce nom en vallée de Valsenestre et vallée du Désert.

Par la première, on peut arriver à la brèche de Valsenestre (2 634 m. d'altitude), et au col de la Muzelle, voisin du pic de ce nom (3 459 m. d'altitude).

La seconde conduit au village du Désert où se trouve une vieille église dédiée à sainte Anne, ancien lieu de pèlerinage, et, au delà, aux sources de la Bonne, puis aux cols d'Olan et de Turbat.

Le col d'Ornon et l'Oisans

En remontant, à partir d'Entraigues, la vallée qui s'ouvre à gauche, on passe au Périer où on peut admirer une remarquable église moderne, et, dans un vallon tout proche, la belle cascade de Confolens.

On trouve ensuite Chantelouve, et on arrive au col d'Ornon, d'où l'on gagne la vallée de la Romanche et l'Oisans.

L'Oisans est trop connu de tous les Alpinistes pour que nous ayons à en parler ici.

TABLE DES MATIÈRES

INTRODUCTION

IIe PARTIE

APPENDICE

IMPRIMERIE LETOUZEY ET ANÉ, 87, BOUL. RASPAIL, PARIS-VI.

CRITIQUE et CATHOLIQUE, par le R.P. HUGUENY O.P., *prof. au Saulchoir.* — 1. **Apologétique**, 1 vol. — 2. **Apologie des Dogmes**, 2 vol. Chaque vol. in-12, **4 fr. 50**

L'auteur a écrit une apologétique où, pour donner la certitude morale de la vérité du catholicisme, il argumente uniquement des faits que la critique incroyante a dû reconnaître comme incontestables ou qui sont très faciles à défendre.

OU EN EST L'HISTOIRE DES RELIGIONS ? par MM. BRICOUT, BROS, CAPART, DHORME, LABOURT, DE LA VALLÉE-POUSSIN, CORDIER, HABERT. And. BAUDRILLARD, CARRA DE VAUX, TOUZARD, VENARD, BATIFFOL, BOUSQUET, VACANDARD, 2 beaux volumes in-8° de 456-575 pages. . . . . **20 fr. »**

La science des religions n'est, réellement, qu'à ses débuts ; et c'est ce qu'ont voulu proclamer bien haut les spécialistes éminents qui ont consenti à nous assurer leur précieuse collaboration.

LES ORIGINES. Questions d'Apologétique, par J. GUIBERT, *prof. de Sciences au G. S. d'Issy.* **7e Edit.** entièrement refondue par L. CHINCHOLE, *prof. au même Séminaire.* Fort vol. in-8° orné de 198 grav. . . . **15 fr. »**

Dans cet ouvrage, l'auteur étudie la cosmogonie ; l'origine de la vie, de l'énergie, des espèces, de l'homme ; l'antiquité de l'espèce humaine, l'état de l'homme primitif ; toutes questions qui passionnent et qui sont sans cesse étudiées et approfondies.

MANUEL D'ARCHÉOLOGIE CHRÉTIENNE, par le R. P. H. LECLERCQ, O.B., 2 forts vol. in-8° raisin de plus de 600 pages, ornés de 408 gravures . . . **25 fr. »**

Revue de philologie. — L'information de l'auteur est prodigieuse dans tous les recoins de son vaste domaine et elle demeure sans ostentation ; je recommande avec chaleur l'énorme *Manuel d'archéologie* de dom Leclercq que beaucoup garderont sous la main pour y recourir journellement. D'une lecture agréable, il témoigne d'une curiosité artistique avisée et étendue qui s'allie heureusement à une vaste érudition.

EXERCICES SPIRITUELS DE SAINT IGNACE, principes et vérités fondamentales de la Vie Chrétienne par le R. P. LEMARCHAND, 3 vol. in-8° br. . . **21 fr. »**

CABROL (le Rév dom F.) *abbé de Farnborough.* — **Les Origines liturgiques**. Fort vol. in-8°.. . . 9 fr. »

Le R.P. Abbé passe en revue : l'esthétique dans la liturgie chrétienne, l'étude scientifique de la liturgie, méthode dans l'étude de la liturgie, la littérature liturgique, origines de la messe, du baptême et de la Semaine Sainte.

BÄUMER (R.P. dom S.), trad. par le R.P. dom BIRON. — **Histoire du Bréviaire**. 2 forts vol. in-8 de 460 et 532 pages. . . . . **18** fr. »

Cet essai sur le développement de l'Office romain jusqu'à nos jours est un vrai trésor d'informations et de renseignements et une véritable mine d'édification pour tous ceux qui sont obligés de réciter l'Office quotidien de l'Église.

ROHAULT DE FLEURY, Mémoires sur les instruments de la Passion. Mag. vol. in-4°, orné de 24 pl. hors texte . . . . **30** fr. »

Cet ouvrage contient tous les renseignements sur les instruments de la Passion qui peuvent intéresser les historiens, les archéologues et tous les fidèles.

THURSTON (le R.P.) S.-J., trad. par Mgr. BOUDINHON. — **Étude historique sur le Chemin de Croix**. 1 vol. in-12, orné de gravures . . . . **4** fr. 50

Excellent exposé qui présente le développement historique de cette dévotion et laisse admirer les impressions produites sur l'âme de nos pères, par la méditation des souffrances du Sauveur.

CLAIR (le R.P.) S.-J. **Le Dies iræ.** *Histoire, Traduction, Commentaires.* — Petit in-8° sur papier teinté, orné d'encadrements variés, d'après les maîtres anciens. . . **4** fr. »

Étude historique et littéraire, pleine d'intérêt sur l'admirable poème des fins dernières, avec un commentaire tiré de l'Écriture Sainte et des Pères.

SOUS PRESSE :

A. MOLIEN, *anc. prof. de liturgie au Grand Séminaire d'Amiens.*

LA PRIÈRE DE L'ÉGLISE

I. Messe et heures du jour.
II. L'année liturgique.
} 2 forts vol. in-12.

Librairie LETOUZEY et ANÉ, 87, Boulevard Raspail, PARIS-VI

www.ingramcontent.com/pod-product-compliance
Ingram Content Group UK Ltd.
Pitfield, Milton Keynes, MK11 3LW, UK
UKHW022023170726
13837UKWH00001B/368

9 782329 199696